KB203926

로버트 맥체인 설교집

로마서

SERMONS ON THE EPISTLE TO THE ROMANS

by Robert Murray McCheyne

그리스도인들은 그 책의 사람들, 바로 성경의 사람들입니다. 성경에만 권위를 두고, 성경대로 살며, 성경에 자신을 계시하신 삼위 하나님만을 예배하고 사랑합니다. 이에 **그 책의 사람들**은 하나님께만 영광 돌리고, 하나님의 나라와 교회의 번영과 행복을 위해 성경에 충실한 도서들만을 독자들에게 전하겠습니다.

로버트 맥체인 설교 시리즈 3

ROMANS

로버트 맥체인 설교집

로마서

로버트 **맥체인** 지음 I 임정민 옮김

ROBERT McCHEYNE

차례

—

1

내가 복음을 부끄러워하지 아니하노니

—

1. 내가 복음을 부끄러워하지 아니하노니[1]

그러므로 나는 할 수 있는 대로 로마에 있는 너희에게도 복음 전하기를 원하노라 내가 복음을 부끄러워하지 아니하노니 이 복음은 모든 믿는 자에게 구원을 주시는 하나님의 능력이 됨이라 먼저는 유대인에게요 그리고 헬라인에게로다 복음에는 하나님의 의가 나타나서 믿음으로 믿음에 이르게 하나니 기록된 바 오직 의인은 믿음으로 말미암아 살리라 함과 같으니라 하나님의 진노가 불의로 진리를 막는 사람들의 모든 경건하지 않음과 불의에 대하여 하늘로부터 나타나나니(롬 1:15-18).

형제 여러분, 여러분이 먼저 눈여겨보았으면 하는 것은,

---

1 1842년 10월 16일, 던디(Dundee)에 있는 성 베드로 교회에서 성찬식 전에 한 설교.

바울이 어디에 복음을 전하고 싶었는가 하는 것입니다. "나는 할 수 있는 대로 로마에 있는 너희에게도 복음 전하기를 원하노라." 바울은 앞 구절에서도 같은 이야기를 합니다. "내가 너희를 보기를 간절히 원하는 것은 어떤 신령한 은사를 너희에게 나누어 주어 너희를 견고하게 하려 함이니"(롬 1:11). "형제들아 내가 여러 번 너희에게 가고자 한 것을 너희가 모르기를 원하지 아니하노니 이는 너희 중에서도 다른 이방인 중에서와 같이 열매를 맺게 하려 함이로되"(롬 1:13). 이때 로마는 세계에서 가장 강대한 도시였습니다. 다니엘은 로마를 먹고 부서뜨리고 그 나머지를 발로 밟은 큰 짐승에 빗댑니다(단 7:7). 당시 로마를 "세계의 지배자"라고 하지 않았습니까? 또 이때 로마는 세계에서 가장 조예 깊은 도시였습니다. 큰 건축물과 공중목욕탕이 있었고, 화가와 웅변가와 철학자가 있었습니다. 이 때문에 바울은 로마에 복음을 전하고 싶은 마음이 간절했습니다. 그러나 무엇보다 로마는 세계에서 가장 악한 도시 가운데 하나였습니다. 한 역사학자는 로마를 가리켜 "시궁창"이라고 했고, 가장 악한 것은 로마 황제였습니다. 그런데도 바울은 로마에서 복음을 전하고 싶었습니다.

여러분이 눈여겨보았으면 하는 두 번째 사항은, 바울이 로마에서 무엇을 하고 싶었는가 하는 것입니다. "로마에 있는 너희에게도 복음 전하기를 원하노라." 바울은 구경이나 하려고 로마에 가고 싶었던 것이 아니었습니다. 많은 사람이 대리석 대중탕과 극장과 궁전을 구경하려고 로마에 갔지만, 바울은 로마를 구경하고 싶은 마음이 없었습니다. 그렇다고 자기를 뽐내러 간 것도 아니었습니다. 배웠다는 사람들은 너도나도 배운 것을 뽐내고, 자기 작품을 널리 알리려고 로마로 갔습니다. 바울은 그렇지 않았습니다. 바울이 바란 것은 하나뿐이었습니다. "로마에 있는 너희에게도 복음 전하기를 원하노라." "내가 너희 중에서 예수 그리스도와 그가 십자가에 못 박히신 것 외에는 아무것도 알지 아니하기로 작정하였음이라"(고전 2:2).

세 번째로 여러분이 눈여겨보았으면 하는 것은, 바울이 로마에 가기를 고대하면서 어떤 감정을 느꼈는가 하는 것입니다. "내가 그리스도의 복음을 부끄러워하지 아니하노니." 이것은 아주 눈여겨볼 만한 말씀입니다. 한눈에 언뜻 보는 것보다 그 안에 더 많은 뜻이 담겨 있습니다. 이 말씀하고 비슷합니다. "상한 갈대를 꺾지 아니하며 꺼져가는 등불을 끄지 아니하고"(사 42:3). 이 말씀은 상한 갈대를 꺾으시기는커녕 받쳐 주시겠다는 뜻이고, 꺼져가는 등불을 끄시기는커녕 활활 타오르도록 부채질해 주시겠다는 뜻입니다. 마찬가지로 바울이 "내가 그리스도의 복음을 부끄러워하지 아니하노니" 할 때도, 그 안에 '그리스도의 십자가를 자랑한다'는 뜻이 담겨 있습니다.

이 구절은 갈라디아서 6장 14절 말씀과 그 뜻이 같습니다. "그러나 내게는 우리 주 예수 그리스도의 십자가 외에 결코 자랑할 것이 없으니." 이 두 구절의 뜻은 단순합니다. 바울이 그리스도로 말미암는 의의 길을 자랑했다는 것입니다.

오늘 본문은 두 가지 뜻을 담고 있습니다. 먼저, 바울은 '하나님 앞에서' 복음을 부끄러워하지 않았습니다. 바울은 자신의 영원한 구원을 그리스도의 의에 기대었습니다. 다윗처럼 "이것이 나의 모든 구원이요, 나의 모든 염원이라"(삼하 23:5, 한글 킹제임스)고 했습니다. 바울로서는 하나님께 나아갈 다른 길이 없었습니다. 이 길이 아니면, 다른 어떤 길도 없었습니다. 하나님께 몰래 갈 다른 길이 없었기 때문에, 바울은 그리스도의 복음을 부끄러워하지 않는다고

한 것입니다.

그러나 이 말씀은 또 바울이 '사람들 앞에서' 복음을 부끄러워하지 않았다는 뜻도 담고 있습니다. 많은 사람이 복음을 부끄러워하지만, 바울은 부끄러워하지 않았습니다. 바울은 온 세상에 들릴 만큼 큰 소리로 복음을 전하고 싶었습니다. 겨우 말 몇 마디 가지고 로마로 들어가는 바울을 보고 비웃는 사람도 많았겠지만, 바울은 그리스도의 복음을 부끄러워하지 않았습니다. 아, 형제 여러분, 사람들은 행함이 없는 의로움을 이야기하는 바울을 보고 순 말쟁이라고 생각했을 것입니다. 그렇지만 바울은 아랑곳하지 않았습니다. "내가 그리스도의 복음을 부끄러워하지 아니하노니." 로마와 같이 악에 찌든 곳에 가면서 '다른 사람의 의'밖에 할 이야기가 없다니, 이런 바울을 보고 많은 사람이 코웃음 쳤을 것입니다. 아, 그렇지만 바울은 그리스도의 의가 이들의 죄를 능히 덮을 수 있음을 보았습니다. 오늘 우리도 그리스도를 이렇게 볼 수 있게 해 달라고 기도합시다.

이 말씀을 가지고 먼저 세상 사람들이 그리스도의 복음을 부끄러워하는 까닭을 몇 가지 보여 드리고, 그런 다음에 믿는 사람들이 그리스도의 복음을 부끄러워하지 않는 까닭을 몇 가지 보여 드리겠습니다.

1. 세상 사람들이 그리스도의 복음을 부끄러워하는 까닭

1) 거듭나지 못한 사람들이 그리스도의 복음을 부끄러워하는 까닭은 복음이 미련하게 보이기 때문입니다. 고린도전서를 보십시오. "십자가의 도가 멸망하는 자들에게는 미련한 것이요"(고전 1:18). "육에 속한 사람은 하나님의 성령의 일들을 받지 아니하나니 이는 그것들이 그에게는 어리석게 보임이요"(고전 2:14). 이것이 거듭나지 못한 사람들이 복음을 부끄러워하는 첫 번째 큰 까닭입니다. 다른 사람의 순종으로 의롭다 함을 받는다는 것은 참으로 어리석어 보입니다. 멸망하는 사람에게는 그리스도의 십자가가 미련한 것이고, 세상 끝 날까지 그럴 것입니다. 여러분이 여러분의 선조들과 다르다고 생각하지 마십시오. 여러분도 똑같습니다. 이 자리에 앉은 멸망할 사람들에게 그리스도의 십자가는 미련한 것입니다.

아, 형제 여러분, 복음이 행위로 말미암았다면, 여러분은 복음을 이해할 수 있었을 것입니다. 행함으로 천국에 이를 수 있었다면, 여러분은 '그것참 좋은 복음이다, 좋은 설교다' 그랬을 것입니다. 하지만 다른 이로 말미암는 의는 어리석습니다. 죄를 벌하지 않으시는 하나님, 율법에 관대하신 하나님이 구원하신다고 하면, 여러분은 복음을 이해할 수 있었을 것입니다. 여러분의 회개나 눈물로 구원을 얻는다고 하면, 여러분은 그 뜻을 깨달을 수 있었을 것입니다. 그런데 다른 이의 의로 말미암는 구원, 이것은 미련하기 짝이 없습니다. "십자가의 도가 멸망하는 자들에게는 미련한 것이요."

아, 형제 여러분, 다른 이의 의에 대해 듣기를 부끄러워하는 자신의 모습을 본 적 없으십니까? 많은 세상 사람이 이 교회 문 앞에서 안으로 들어오기를 꺼립니다. 왜 그렇습니까? 다른 이의 의에 대해 들을 것이기 때문입니다. 여러분 중에 그리스도의 의를 이야기하면, 섣부른 소리 한다면서 듣기 싫어하는 사람이 많지 않습니까? 여러분은 이 길로 하나님께 가기를 부끄러워합니다. 이 길은 멸망하는 사람들에게 미련합니다. 여러분은 이것을 입 밖에 꺼내기도 부끄러워합니다. 그래서 자녀들에게 성도들의 의인 흰옷, 하얗고 깨끗한 세마포 옷을 이야기하지 않습니다(계

19:8, KJV). 왜 그렇습니까? 이것을 좋아하지 않기 때문입니다. "십자가의 도가 멸망하는 자들에게는 미련한 것이요."

2) 복음을 가르치는 사람들 때문에 복음을 부끄러워합니다. 복음서 기자 마가는 그리스도의 말씀을 듣던 사람들이 "이 사람이 마리아의 아들 목수가 아니냐 야고보와 요셉과 유다와 시몬의 형제가 아니냐 그 누이들이 우리와 함께 여기 있지 아니하냐"(막 6:3) 하면서 그리스도를 배척했다고 하지 않습니까? 사도행전에 나오는 대자사장도 베드로와 요한을 보고 "그들을 본래 학문 없는 범인으로 알았다"(행 4:13)고 했습니다. 바울은 고린도에 갔을 때, "그가 몸으로 대할 때는 약하고 그 말도 시원하지 않다"(고후 10:10)는 말을 들었습니다. 자, 그리스도께서 복음을 전하게 하려고 보내신 것은 천사도 아니고, 실수가 없는 사람도 아니었습니다. "우리가 이 보배를 질그릇에 가졌으니 이는 심히 큰 능력은 하나님께 있고 우리에게 있지 아니함을 알게 하려 함이라"(고후 4:7). 제가 아는 스코틀랜드 목사 중에 그 겉모습이나 말투나 태도에 흠이 없는 신실한 목사는 없습니다. 여러분은 이렇게 말하려고 하지 않습니까? '이 사람, 목수 아니야?' 우리는 이 보배를 질그릇에 가졌습

니다. 또 이렇게 말하려고 하지 않습니까? '저 목사는 화를 너무 잘 내. 저 목사는 예의가 없어.' 아, 여러분은 말 등에 난 상처에 붙은 파리와 같습니다. 아, 어리석은 여러분, 여러분은 단점만 보고서 복을 걷어찹니다.

3) 여러분이 복음을 부끄러워하는 또 다른 까닭은 복음의 거룩함을 싫어하기 때문입니다. 이것이 주된 이유입니다. 이것이 없었으면, 앞의 이유도 없었을 것입니다. 여러분을 죄 가운데 살게 하는 복음이었다면, 여러분은 두 팔 벌려 반겼을 것입니다. 그러나 하나님이 자기 아들을 주신 것은, 우리 각 사람이 죄악에서 돌이키는 복을 주시려는 것이었습니다(딛 2:14). 주 예수님은 죄인을 찾으실 때, 먼저 자기 의로 옷 입히시고, 그런 다음에 그 속을 온통 영화롭게 하십니다(시 45:13, 킹제임스 흠정역). 그리스도께서는 그 안에서 자기 아버지의 형상을 보실 때가지 죄인을 가만 놔두지 않으실 것입니다. 그 안에 자신의 형상, 자신의 어린양 같은 형상을 남기실 때까지 가만 놔두지 않으실 것입니다. 이것이 여러분이 복음을 멸시하는 까닭입니다. 여러분 중에 술을 좋아하는 사람은 '내 술잔을 빼앗으실 것이다' 하면서 복음을 멸시하고, 노름을 좋아하는 사람은 '노

름판에 못 가게 하실 것이다' 하면서 복음을 멸시합니다. 아, 이것은 거룩한 복음입니다. "너희 모든 더러운 것에서와 모든 우상 숭배에서 너희를 정결하게 할 것이며 또 새 영을 너희 속에 두고 새 마음을 너희에게 주되"(겔 36:25-26). 아, 형제 여러분, 저는 이렇게 말씀드리겠습니다. 복음이 거룩하지 않다면, 받아들일 가치가 없을 것입니다. 그런데도 여러분은 복음의 거룩함 때문에 복음을 싫어하고, 스스로 하나님 뜻을 저버립니다(눅 7:30, 개역한글). 아, 형제 여러분, 여러분이 받을 정죄는 이것입니다. 곧, 빛이 세상에 왔지만 여러분의 행위가 악해서 빛보다 어둠을 더 사랑한 것입니다(요 3:19).

2. 믿는 사람들이 그리스도의 복음을 부끄러워하지 않는 까닭

1) 복음은 능력이 있기 때문입니다. 거듭나지 못한 사람들은 복음이 세상에서 가장 미련하게 보입니다. 다른 이의 순종으로 말미암는 구원 계획이 미련해 보입니다. 그래서 '복음은 아무것도 아니다, 아무 능력도 없다'고 생각합니다. 그러나 구원을 받은 우리에게는 복음이 하나님의 능력이요 하나님의 지혜입니다. 다른 사람들한테 복음의 능력

이 나타나는 것을 본 사람들에게, 복음의 능력을 믿는 사람들에게, 복음은 구원을 주시는 하나님의 능력입니다.

형제 여러분, 복음은 황소고집도 꺾을 수 있는 하나님의 능력을 품고 있습니다. 여러분이 무시하는 그 복음, 여러분이 싫어하는 그 교의에 어마어마한 힘이 있습니다. 형제 여러분, 복음은 천둥 번개보다 더 강력합니다. 영혼을 소성시키기 때문입니다. 바울은 일찍이 그 능력을 몸소 체험했습니다. 바울은 복음이 싫어서 교회를 잔멸하고 집집마다 들어가 남녀를 끌어다가 옥에 넘기던 사람이었습니다 (행 8:3). 형제 여러분, 이런 마음을 무엇이 돌려놓을 수 있었겠습니까? 이런 마음이 바뀌기를 기대하느니 강물이 거꾸로 흐르기를 기대하는 편이 쉬울 것입니다. 그런데 하나님이 자기 아들을 계시하시자, 그날부터 강물이 거꾸로 흘렀습니다. 바울은 그리스도 예수 안에서 새로운 피조물이 되었습니다. 형제 여러분, 바울은 이 능력이 다른 사람한테도 나타나는 것을 봤습니다. 복음의 능력이 사람들 마음에 나타나는 것을 봤고, 그래서 복음을 부끄러워하지 않았습니다.

형제 여러분, 복음은 멸망이 아니라 구원을 주시는 하나님의 능력입니다. 바울은 하나님이 복음의 능력을 쓰시는 것을 자주 보았습니다. 하나님이 이 능력을 쓰실 때, 유대인이나 헬라인이나, 종이나 자유인이나 아무도 거부하지 못한다는 것을 보았습니다. 바울이 로마에 복음을 전하러 갔을 때, 바로 이 능력이 바울의 팔에 힘을 불어넣었습니다. 바울은 모든 믿는 자에게 구원을 주시는 하나님의 능력이 자기한테 있다고 느꼈습니다. 아, 형제 여러분, 우리에게 힘을 주는 것도 이것입니다. 제가 여러분에게 왔을 때부터 저는 여러분의 마음이 완고함을 느꼈습니다. 아, 그렇지만 하나님이 복음을 쓰신다면, 여러분 중에 가장 교만한 사람도 낮아질 것입니다. 각성한 죄인 여러분, 여러분의 죄가 하늘에 닿을 만큼 많을지라도, 복음은 여러분을 용서할 능력이 있습니다.

2) 이제 우리가 복음을 부끄러워하지 않는 두 번째 까닭을 살펴보겠습니다. 곧, 복음에 하나님의 의가 나타나기 때문입니다. 앞의 이유에서 이 이유가 나옵니다. 복음을 능력 있게 하는 것이 바로 하나님의 의입니다. 여기서 말하는 하나님의 의는 바로 주 예수님의 행하심과 죽으심입니다. 이것을 하나님의 의라고 하는 까닭은 이것이 하나님

자신의 의이기 때문입니다. 여러분, 아기이신 그리스도를 "전능하신 하나님"(사 9:6)이라고 하지 않았습니까? 또 그리스도의 피를 '하나님의 피'라고 했습니다. "여러분은 자기를 위하여 또는 온 양 떼를 위하여 삼가라 성령이 그들 가운데 여러분을 감독자로 삼고 하나님이 자기 피로 사신 교회를 보살피게 하셨느니라"(행 20:28). 갈보리에서 흘린 피는 하나님이라고 하는 분의 피였습니다. 그렇기 때문에 그리스도의 모든 고난은 다른 아무도 할 수 없는 방식으로 율법의 요구를 만족시키는 신성한 가치를 얻은 것입니다.

마찬가지로 그리스도의 순종은 하나님이신 분의 순종이었습니다. 그 부모에게 하신 순종도, 율법에 하신 순종도 하나님이신 분의 순종이었습니다. 그래서 많은 사람을 대신한 그리스도의 순종과 고난을 하나님의 의라고 하는 것입니다. 이 순종과 고난이 복음에서 여러분에게 하나님의 의로 제안됩니다. 아, 형제 여러분, 이것이 바로 바울이 복음을 부끄러워하지 않은 까닭이었습니다. 바울은 로마에 가서 가장 흉악한 죄인과 마주치더라도 용서받을 길을 말해 줄 수 있음을 알았습니다.

여러분 중에 복음을 싫어하는 사람은 이 길을 멸시하겠

지만, 그것으로 제가 복음을 싫어하게 하지는 못할 것입니다. 형제 여러분, 복음은 가장 흉악한 죄인에게도 하나님이신 분의 의를 제안합니다. 그런데도 여러분은 복음을 멸시합니다. 그런다고 해서 복음에 흠집을 내지는 못합니다. 각성한 죄인 여러분, 여기에 여러분을 덮을 수 있는 의가 있습니다. 보십시오. 여기에 여러분의 진홍 같은 죄 하나하나를 위하여 하나님이신 분이 맞으신 채찍 자국이 있습니다. 형제 여러분, 그뿐만 아니라 여기에 여러분의 벌거벗은 영혼을 덮을 거룩한 순종의 행위가 있고, 여러분의 거룩하지 않은 말을 덮을 거룩한 말이 있고, 여러분의 거룩하지 않은 행실을 덮을 거룩한 행실이 있습니다. 아, 형제 여러분, 여기에 여러분의 영혼을 덮을 순종의 일생이 있습니다.

형제 여러분, 대홍수 때에 물이 불어서 십오 규빗이나 올라 천하의 높은 산을 다 덮었다고 하지 않습니까(창 7:19-20)? 자, 여러분이 위에서 세상을 내려다봤다면, 눈에 보이는 산이 하나도 없었을 것입니다. 여러분도 마찬가지입니다. 여러분이 이 의를 입으면 여러분의 산더미 같은 죄도 덮일 것이고, 하나님이 위에서 내려다보실 때, 유리 바다 같은 자기 아들의 순종밖에 보이지 않을 것입니다. 아, 형제 여러분, 구원받는 길은 이 길밖에 없습니다. 다른 길이 있다면, 여러분이 알아서 길을 선택하라고 내버려 두겠습니다. 하지만 다른 길은 없습니다. 예수 그리스도의 이름 외에는 천하 사람 중에 구원을 받을 만한 다른 이름을 우리에게 주신 일이 없습니다(행 4:12). 여러분이 오늘 그리스도의 의를 선택하게 해 주시기를 빕니다.

끝으로, 여러분이 왜 지금 그리스도를 선택해야 하는지만 말씀드리겠습니다. "하나님의 진노가 불의로 진리를 막는 사람들의 모든 경건하지 않음과 불의에 대하여 하늘로부터 나타나나니"(롬 1:18). 바울은 로마 어귀에 이르러 대리석 대중탕과 극장에 떼 지어 모인 무리와 주피터나 미네르바 상에 절하는 사람들을 보자 감정이 복받쳤습니다. 왜 그랬습니까? 하나님의 진노가 하늘에서 이 사람들에게 나타났고, 자기 손에 모든 죄인을 덮을 수 있는 것이 있음을 알았기 때문입니다. 바울은 이 사람들한테 이 의를 입힐 수 있기를 간절히 바랐습니다. 아, 형제 여러분, 이것이 여러분을 구원합니다! 이것이 제게 설교할 힘을 줍니다! 여러분이 이 의를 받아들이면 구원받으리라는 것을 제가 알기 때문입니다. 그러나 이 의를 받아들이지 않으면 여러분은 망할 것입니다. 형제 여러분, 이 의를 입어야 합니다. 그렇지 않으면 하나님의 진노가 여러분에게 나타날 것입니다.

아, 형제 여러분, 그리스도의 복음을 거부하는 사람이 얼마나 어리석은지 배우십시오. 여러분은 여러분이 세상 지혜를 다 가졌다고 생각합니다. 그래서 여러분이 죽으면 이 지혜도 함께 사라지리라고 생각합니다. 여러분은 우리가 제정신이 아니라고 생각합니다. 그러나 우리는 하나님의 진노가 사람들의 모든 경건하지 않음과 불의에 대하여 하늘로부터 나타날 그날, 우리가 서는 것을 볼 것입니다. 아, 여러분 중에 이 의를 입는 사람은 복됩니다. "나 곧 나는 나를 위하여 네 허물을 도말하는 자니 네 죄를 기억하지 아니하리라"(사 43:25). 그리스도의 의를 입는 것은 깊은 바다에 돌을 던지는 것과 같습니다. 돌은 가라앉아 보이지 않습니다. 그리스도의 의는 대홍수 때 가장 높은 산까지 덮은 물과 같습니다. "주께서……내 모든 죄를 주의 등 뒤에 던지셨나이다"(사 38:17). 아멘.

3. 식탁에 울타리를 치며

이제 우리 선조들의 관습대로 주님의 식탁 둘레에 울타리를 치면서, 누가복음 14장 33절 말씀을 봉독하도록 하겠습니다. "이와 같이 너희 중의 누구든지 자기의 모든 소유를 버리지 아니하면 능히 내 제자가 되지 못하리라." 사랑하는 친구 여러분, 여러분은 오늘 여러분 삶에서 가장 엄숙한 행위를 하나 하려는 참입니다. 여러분 중에 주님의 식탁에 처음 나오는 분들은 사람들과 천사들과 귀신들 앞에서 그리스도를 여러분의 의와 힘으로 선택하겠다고 고백하고 있습니다. 여러분 중에 주님의 식탁에 자주 앉은 분들은 주님의 것이 되겠다고 한 약속을 새롭게 하려고 나오는 중입니다. 그러면서 '내가 이 떡과 포도주를 받는 것이 확실한 만큼 나는 그리스도를 내 의로 확실히 받습니다' 하고 고백합니다. 여러분은 떡과 포도주를 받을 때 그리스도를 먹는다고 고백합니다. 그리고 여러분 중에 마지막으로 나오는 분들은 마리아와 같은 선언을 듣게 됩니다. "이 좋은 편을 택하였으니 빼앗기지 아니하리라"(눅 10:42). 지금 여러분에게 부탁드릴 것은 이것뿐입니다. 대가를 치르십시오. "너희 중의 누구든지 자기의 모든 소유를 버리지 아니하면 능히 내 제자가 되지 못하리라."

먼저, 우리 주님의 이름으로 여러분에게 묻겠습니다. 여러분의 의를 다 버리셨습니까? 여러분은 구원이 행위에서 나지 않는다고 들었습니다(엡 2:8-9). 여러분, 여러분의 의를 버리셨나요? "악인은 그의 길을, 불의한 자는 그의 생각을 버리고 여호와께로 돌아오라 그리하면 그가 긍휼히 여기시리라 우리 하나님께로 돌아오라 그가 너그럽게 용서하시리라"(사 55:7)고 성경에 쓰여 있습니다. 형제 여러분, 말씀해 보십시오. 여러분의 의의 길을 버리셨습니까? 의에 이르는 데서 여러분 자신을 포기하셨습니까? 여러분, 자신을 정죄 받은 죄인으로 보십니까? 요람에서 무덤까지 여러분의 일생을 쭉 훑어보면서 "주의 종에게 심판을 행하지 마소서 주의 눈앞에는 의로운 인생이 하나도 없나이다"(시 143:2) 하고 고백하십니까? 여러분의 의와 아주 갈라서고 복음의 의를 붙드셨습니까? 그렇다면 주님의 식탁에 오신 것을 환영합니다. 떡과 포도주를 받으러 오신 것을 환영합니다. 이 떡과 포도주를 받을 때, 하늘을 우러러 이렇게 말씀하십시오. '아버지, 그리스도를 위하여 다 버렸나이다.'

형제 여러분, 여기에 자신의 삶에서 의를 찾는 율법주의자가 있습니까? 여러분은 주님의 식탁에 환영받지 못합니다. 떡과 잔을 손에 쥘 때, 여러분의 의를 포기했다고 말하는 것이기 때문입니다.

둘째, 그리스도를 위해 온 세상의 존경을 버리셨습니까? 여러분이 그리스도의 행하심으로 의롭다 하심을 받는다면, 세상은 여러분을 업신여길 것입니다. 여러분, 그리스도를 위해 세상의 존경을 포기하기로 마음먹으셨습니까? 이 세상이 아내나 남편과 같이 소중한 대상일지라도 그렇게 하시겠습니까? 세상의 인정을 여러분 영혼에 볕드는 그리스도와 견주어 다 배설물로 여기십니까? 그렇다면 여러분은 주님의 식탁에 환영을 받습니다. 여러분은 모세와 같은 선택을 했습니다. 그리스도를 위해 받는 수모를 애굽의 모든 보화보다 더 큰 재물로 여겼습니다(히 11:26). 여러분은 주님의 식탁에 환영을 받습니다. 우리는 불쌍하고 곤고한 사람들이지만, 주님의 호의를 입었습니다. 우리와 운명을 함께합시다. 형제 여러분, 환영합니다. 자매 여러분, 환영합니다. 그리스도께서 여러분을 환영하시고, 아버지께서 환영하십니다. 우리 주님의 이름으로 모두 환영합니다.

형제 여러분, 저는 여러분 대부분이 그리스도를 위해 세상을 버릴 마음이 없다고 생각합니다. 여러분은 그리스도의 이름 때문에 모든 사람에게 미움 받기를 싫어합니다. 아, 그러면 그리스도의 제자가 될 수 없습니다. 잊지 마십시오. 여러분이 식탁에 손을 얹는다고 해도, 이것은 유다의 손, 배신자의 손일뿐입니다.

셋째, 그리스도를 위하여 여러분의 죄를 다 버리셨습니까? 여러분 중에 이 물음을 꺼릴 많은 사람이 처음 두 물음에는 틀림없이 '네, 네' 하고 대답할 것입니다. 여러분, 우상을 버리셨습니까? 주 예수님을 생각하며 육신의 즐거움을 버리셨습니까? "너희 중의 누구든지 자기의 모든 소유를 버리지 아니하면 능히 내 제자가 되지 못하리라." "누구든지 그리스도 안에 있으면 새로운 피조물이라 이전 것은 지나갔으니 보라 새 것이 되었도다"(고후 5:17). 제 말을 오해하지 마십시오. 그리스도께 온 사람은 다 온전히 거룩하다고 말하는 것이 아닙니다. 여러분이 죄를 좋아하지 않는다면, 이 돌에 걸려 넘어지지 않아도 됩니다. 그렇지만 그리스도께 온 사람들은 모든 죄를 싫어하고, 마음과 삶에서 죄를 버린 사람들입니다. 아, 형제 여러분, 하나님에게서 난 사람은 누구나 죄를 짓지 않습니다(요일 3:9, 새번역).
우리가 하나님에게서 났다면, 우리 안에 있는 모든 신성한
것이 모든 죄를 반대할 것입니다.

형제 여러분, 지금 주님의 식탁에 나오는 사람들 중에
모든 죄에서 건짐 받기를 구하지 않는 사람이 있습니까?
그런 사람은 이 식탁에 나올 자격이 없습니다. 여러분은
유다와 같이 돈궤를 맡고 거기 넣은 것을 훔친 도둑입니다
(요 12:6). "너희 중의 누구든지 자기의 모든 소유를 버리지
아니하면 능히 내 제자가 되지 못하리라."

아, 형제 여러분, 그런데 식탁에 나올 근거를 찾고 있는
사람이 여기 있다면, 저 자신의 근거가 무엇인지만 말씀
드리겠습니다. 자신이 죄덩어리라고 느끼는 사람은 누구
나 환영을 받습니다. 다른 이의 의로 의롭다 하심을 받고
싶은 사람은 환영을 받습니다. 또 자신의 옛 마음은 죄밖
에 모르고, 자신의 새 마음은 의밖에 모른다고 느끼는 사
람, 거룩하게 하심을 입는 것이 이 땅에서 누리는 천국이
라고 느끼는 사람은 주님의 식탁에 환영을 받습니다. 주님
의 식탁에 나올 때 저는 다른 근거를 찾지 않습니다. 함께
죄인 된 여러분, 오십시오. 그리스도를 꼭 붙들고 오십시

오. 성령으로 우리를 바꾸어 주시고, 전에 없이 그리스도를 섬기게 해 주시고, 우리가 예수님과 함께 있는 것을 세상이 알게 해 달라고 간구하며 오십시오. 아멘.

4. 성찬식 전 식탁 앞에서

사랑하는 형제 여러분, 이 식탁은 여러분 중에 어린양을 따르는 사람들, "어린양이 어디로 인도하든지 따라가는"(계 14:4) 사람들을 위해 차려진 것입니다. 여러분이 주님의 식탁에 합당하게 앉은 사람이라면, 여러분은 의롭다 하심을 받으려고 어린양을 따릅니다. 여러분이 주님의 식탁에 합당하게 나온 사람이라면, 여러분은 어린양의 의 말고 여러분의 벌거벗은 영혼을 덮을 다른 어떤 의도 찾지 않을 것입니다. 어린양이 어디로 인도하든지 여러분은 어린양을 따라갈 것입니다. 그러면 여러분은 고난을 받으신 어린양도 따라갈 것입니다. "참으면[2] 또한 함께 왕 노릇 할 것이요"(딤후 2:12). 우리가 그리스도의 영광에 참여하려고 하면, 그리스도의 고난에도 참여하게 되리라는 것을 잊지 마

---

[2] 킹제임스 성경은 이 '참는다'는 말을 "suffer"로 옮기고 있는데, 이 낱말은 '고난을 받는다'는 뜻도 담고 있다.

십시오. 형제 여러분, 여러분이 정말로 어린양을 따르는 사람이라면, 거룩하게 하심을 입으려고 따를 것입니다. 그분은 광야에서 반석의 물이 이스라엘을 따른 것처럼 여러분을 따를 것입니다. 형제 여러분, 여러분은 왜 어린양을 따르십니까? 여러분을 씻겨 주셨기 때문입니까?

여러분이 어린양을 따르는 또 다른 까닭은 어린양을 사랑하기 때문입니다. "만일 누구든지 주를 사랑하지 아니하면 저주를 받을지어다 우리 주여 오시옵소서"(고전 16:22).

형제 여러분, 여러분이 어린양을 따른다면, 어린양이 주시는 평안을 맛볼 것입니다. "평안을 너희에게 끼치노니 곧 나의 평안을 너희에게 주노라"(요 14:27). 이것은 천사가 아니라 어린양이 주시는 평안입니다.

형제 여러분, 또 다른 혜택은 여러분이 어린양을 닮으리라는 것입니다. "우리가 다 수건을 벗은 얼굴로 거울을 보는 것 같이 주의 영광을 보매 그와 같은 형상으로 변화하여 영광에서 영광에 이르니 곧 주의 영으로 말미암음이라"(고후 3:18).

형제 여러분, 어린양을 따르는 또 다른 혜택은 우리가 영원토록 어린양을 따르리라는 것입니다. "모든 눈물을 그

눈에서 닦아 주시니"(계 21:4).

사랑하는 형제 여러분, 저는 여러분이 주님의 식탁에 합당하게 나오기를 바랍니다. 주님이 이곳에 복을 내려 주시기 때문입니다. "내가 내 이름을 기념하게 하는 모든 곳에서 네게 임하여 복을 주리라"(출 20:24). 그리스도께서 자기 이름을 기념하게 하시는 곳은 이 식탁밖에 없습니다. 여러분 중에 그리스도께 속하지 않은 사람은 식탁에 앉은 배신자입니다. 하지만 여러분이 그리스도께 속했다면, 여러분이 태어난 날을 복된 날로 여기고, 여러분이 죽는 날을 복된 날로 여겨도 좋을 것입니다. 그날은 여러분이 세 번째로 태어나는 날, 곧 영광 가운데 태어나는 날이 될 것이기 때문입니다.

5. 성찬식을 마치고

"내가 가서 고쳐 주리라"(마 8:7). "내가 원하노니 깨끗함을 받으라"(마 8:3). "딸아 안심하라 네 믿음이 너를 구원하였다"(마 9:22). "여자여 네 믿음이 크도다 네 소원대로 되리라"(마 15:28). "내가 곧 길이요 진리요 생명이니"(요 14:6). "이것을 너희에게 이르는 것은 너희로 내 안에서 평안을

누리게 하려 함이라 세상에서는 너희가 환난을 당하나 담
대하라 내가 세상을 이기었노라"(요 16:33).

사랑하는 여러분, 이 말씀을 하나 마음에 새기십시오.
"너희는 이 세대를 본받지 말고 오직 마음을 새롭게 함으
로 변화를 받아"(롬 12:2). 형제 여러분, 여러분은 이 세상에
속하지 않았는데, 왜 이 세상을 닮아야 합니까? 여러분은
혈통으로나 육정으로나 사람의 뜻으로 나지 아니하고 오
직 하나님에게서 난 사람들입니다(요 1:13). 그렇다면 왜 세
상을 닮아야 합니까? 그리스도께서 여러분과 저를 두고 이
렇게 말씀하셨습니다. "내가 세상에 속하지 아니함 같이
그들도 세상에 속하지 아니하였사옵나이다"(요 17:16). 그
리스도보다 더 세상에 속하지 않은 존재가 있을 수 있습니
까? 자, 그리스도께서 자기가 세상에 속하지 않은 만큼 우
리도 세상에 속하지 않았다고 말씀하십니다. 그렇다면 여
러분은 왜 세상을 닮아야 합니까? 세상은 우리와 다른 곳
으로 갈 것입니다. 세상은 지옥으로 가고, 우리는 거할 곳
이 많은 집으로 갈 것입니다(요 14:2). 그렇다면 왜 우리가
세상을 닮아야 합니까?

형제 여러분, 여러분에게 똑똑히 말씀드리겠습니다. 은

밀한 곳에서 세상을 닮지 마십시오. 세상은 그 침상에서 몰래 죄악을 꾀합니다(시 36:4). 여러분과 하나님 사이에 가장 온전한 사귐이 있게 하십시오. 여러분의 가정에서도 세상을 닮지 마십시오. 여러분은 세상 사람들이 집안을 제대로 못 다스린다는 것을 압니다. 아, 형제 여러분, 제가 다른 어디에서보다 이곳에서 더욱 간절히 바라는 점 하나는, 여러분이 세상이 아닌 하늘을 위해 집안을 잘 다스리고, 가정을 보살피는 것을 보는 것입니다. 형제 여러분, 기도하지 않는 데서도 세상을 닮지 마십시오. 이 말씀을 마음에 새기십시오. "주를 알지 못하는 이방 사람들과 주의 이름으로 기도하지 아니하는 족속들에게 주의 분노를 부으소서"(렘 10:25).

친구를 사귀는 데서도 이 세상을 본받지 마십시오. 세리는 세리를 찾고, 죄인은 죄인을 찾습니다. "너희는 이 세대를 본받지 말고 오직 마음을 새롭게 함으로 변화를 받아." 여러분이 그리스도께 속했다면, 집에 세상 친구를 초대하지 않을 것입니다. 여러분이 세상 친구를 초대한다면, 여러분의 집을 하나님의 성전으로 지키지 못할 것입니다. 기뻐하는 데서도 세상을 닮지 마십시오. 세상은 신문이나 소설을 보며 기뻐합니다. 잊지 마십시오. 여러분은 주님의 잔을 받았으니, 귀신의 잔을 마셔서는 안 됩니다(고전 10:21). 그리스도를 사랑하는 사람들을 친구로 삼으십시오. 여러분은 방금 전에 그런 사람들과 함께 떡을 떼었습니다.

슬퍼하는 데서도 세상을 닮지 마십시오. 세상의 슬픔은 분노 어린 슬픔입니다. 세상을 닮지 마십시오. 여러분이 가난할지라도 그리스도께서 여러분을 아신다는 사실을 잊지 마십시오. 어려울 때도 세상을 닮지 마십시오. 여러분의 근심이 거룩해야 한다는 것을 잊지 마십시오. "그런즉 너희는 먼저 그의 나라와 그의 의를 구하라 그리하면 이 모든 것을 너희에게 더하시리라"(마 6:33). 사랑하는 형제 여러분, 여러분 중에 이렇게 묻는 사람이 있을 것입니다. '어떻게 그렇게 할 수 있죠? 저는 불경건한 가정에 사는데요? 저는 소돔에 사는데요?' 하지만 사랑하는 형제 여러분, 여기에 비밀이 있습니다. 여러분이 세상을 닮지 않으려면, 마음을 새롭게 함으로 변화를 받으십시오. 하나님이 능히 여러분을 보호하사 거침이 없게 하시고 여러분으로 그 영광 앞에 흠이 없이 기쁨으로 서게 하실 것입니다(유 1:24).

하나님이 능히 여러분의 마음을 넓히사 지치지 않고 하나님의 길로 달려가게 하실 것입니다(시 119:32). 그렇다면 담대하십시오. 그리스도 안에 여러분을 만족시킬 것이 넉넉히 있기 때문입니다. 여러분, 거룩하고 싶으십니까? 여러분을 거룩하게 하시는 것이 하나님의 바람입니다. 그렇다면 하나님의 뜻과 여러분의 뜻은 하나입니다. 그러니까 이렇게 구하십시오. '거룩하게 하옵소서. 거룩하고 싶나이다.' 거룩함은 여호와의 속성 중에 가장 빛나는 속성입니다.

아, 우리가 그리스도인답게 살고 있지 못할까 봐 두렵습니다. 우리의 당위대로 살지 못했을까 두렵습니다. 쓸데없는 말과 대화가 얼마나 많습니까? 아, 우리는 육신의 뜻대로 행하며 사는 데 너무 많은 시간을 썼습니다(벧전 4:3). 이제 그리스도를 위해 삽시다. 우리 자신을 그리스도께 넘겨드립시다. 진지하게 넘겨드립시다. 여러분의 뜻과 감정을 시간과 영원을 위해 그리스도께 드리십시오. 주 예수님의 은혜가 여러분의 심령에 있기를 빕니다. 아멘.

6. 예배를 마치고

형제 여러분, 이제 여러분을 떠나보내기 전에 요한계시록

3장 4절을 가지고 몇 마디 권고의 말씀을 드리겠습니다. 이 밤에 우리에게 들려오는 목소리가 있습니다. "그러나 사데에 그 옷을 더럽히지 아니한 자 몇 명이 네게 있어."

"네게 있어." 이 말씀은 사자, 곧 하나님이 교회 위에 세우신 별인 목사에게 하시는 말씀입니다. 자, 하나님이 사자에게 말씀하십니다. "사데에 그 옷을 더럽히지 아니한 자 몇 명이 네게 있다." 목사와 구원받은 영혼 사이에는 기이한 유대가 있습니다. 이 유대는 모든 사람이 아니라 몇몇 사람하고만 있습니다. 저는 성찬 주일만 되면 다른 때는 못 느끼는 남다른 감정을 느낍니다. 여러분 중에 제가 회심의 방편이 된 분들은 제 자녀입니다. 목사와 목사가 얻은 영혼들 사이의 연합은 영원합니다. 아버지와 자식의 연합은 영원하지 않지만, 이 연합은 영원합니다. 성경은 목사와 구원받은 한 영혼 한 영혼 사이의 연합을 여러 곳에서 이야기합니다. 바울은 디모데에게 편지를 쓰면서 "믿음 안에서 참 아들 된 디모데에게"(딤전 1:2)라고 말합니다. 또 "갇힌 중에서 낳은 아들 오네시모를 위하여 네게 간구하노라"(몬 1:10)고도 했습니다. 여러분 중에 저의 사역으로 참되게 회심하신 형제 여러분, 여러분과 저의 연합은 영원합니다. 여러분은 저의 기쁨일 것입니다. "그러므로 나의 사랑하고 사모하는 형제들, 나의 기쁨이요 면류관인 사랑하는 자들아 이와 같이 주 안에 서라"(빌 4:1). 우리의 소망이나 기쁨이나 자랑의 면류관이 여러분밖에 무엇입니까(살전 2:19)? 형제 여러분, 오늘 우리를 이렇게 하나되게 하신 하나님께 감사합시다. "여호와여 영광을 우리에게 돌리지 마옵소서 우리에게 돌리지 마옵소서……주의 이름에만 영광을 돌리소서"(시 115:1). 아, 헤롯이 영광을 하나님께 돌리기를 거부하자 벌레에게 먹혀 죽었다는 사실을 잊지 마십시오(행 12:23). 우리도 영광을 하나님께 돌리지 않는다면, 같은 정죄를 받고 말 것입니다.

나아가 "몇 명"이 네게 있다고 한 것을 눈여겨보십시오. 모두가 아닙니다. 오늘 이곳에 많은 사람이 있었지만, 그 옷을 더럽히지 않은 사람은 몇 명뿐입니다. 에녹도 마찬가지였습니다. 노아도 여덟 명밖에 없었습니다. 아브라함도 몇 명밖에 없었습니다. 롯도 자기 한 명밖에 없었습니다. 주님이 세상에 오셨을 때도 마찬가지였습니다. "적은 무리여 무서워 말라"(눅 12:32). 지금도 마찬가지입니다. 우리도 몇 명밖에 없습니다. 아, 그러나 낙담하지 맙시다. 한 영혼이 온 우주보다 귀하기 때문입니다. 세월이 흘러 해가 빛을 잃어 가도, 이 영혼은 여전히 살아 있을 것이기 때문입니다. 아, 형제 여러분, 한 영혼이 우주보다 귀합니다. 이 교회가 세워지고 제가 보냄을 받았는데, 벌써 구원받은 영혼들 말고 더 구원받는 영혼이 없었다고 하면, 한 영혼은 정말 우주보다 귀했을 것입니다. 우리 주님이 폭풍 가운데 호수를 건너신 것도 한 영혼을 구원하시기 위함이었습니다. 그리스도는 한 영혼 한 영혼을 사랑하시고, 한 영혼 한 영혼을 위해 죽으셨습니다. 아, 형제 여러분, 한 영혼 한 영혼이 그리스도께 귀하기에 제게도 귀합니다.

몇 명이 "사데에도" 있었습니다. 형제 여러분, 사데는 겉으로는 멀쩡해 보였지만, 그뿐이었습니다. 사데는 우리 동네와 비슷합니다. 그런데 살아 있었습니까? 아닙니다. "그러나 사데에도 네게 몇 명이 있어." 그리스도께서는 사데에서도 몇 명을 살아 있게 하실 수 있었습니다. 사랑하는 형제 여러분, 저는 버젓한 형식주의가 버젓한 악보다 더 큰 올무라고 믿습니다. 소돔에서 다니기가 사데에서 다니기보다 더 쉽다고 믿습니다. 제가 하나님의 자녀가 틀림없다고 생각한 한 자매가 떠오릅니다. 이 자매는 이렇게 말했습니다. '아, 목사님, 제가 어떤 동네에 가서 한 가정에 들어갔는데, 경건의 능력 없이 가정 예배를 드려왔더군요. 그 사람들은 구원받지 못했습니다.' 이 자매는 이 모습을 보고 신앙을 저버렸습니다. 이런 날이 점점 다가오는 모양입니다. "사람들이 자기를 사랑하며……경건의 모양은 있으나 경건의 능력은 부인하니"(딤후 3:2, 5). 여러분 중에 많은 사람이 사데에 삽니다. 아, 형제 여러분, 그런데 잊지 마십시오. 하나님은 사데에서도 여러분을 지키실 수 있습니다. 생명 없는 신앙고백자들 한가운데서도 여러분의 영혼을 살아 있게 하실 수 있습니다.

나아가 사데에 "그 옷을 더럽히지 않은 자" 몇 명이 있다고 했습니다. 사랑하는 형제 여러분, 저는 여러분이 여러분 옷을 더럽히지 않게 해 달라고 주님께 기도하면서 주님의 식탁을 떠났으면 좋겠습니다. 이 말씀은 이들이 자기 옷을 더럽힌 적이 없다는 뜻도 아니고, 마음에 부패함이 없었다는 뜻도 아닙니다. 오히려 옷을 빨았다는 뜻입니다. 그렇지만 자기 옷을 어떻게 깨끗하게 지킬지 묻는 사람이 있을 것입니다.

1) 여러분이 여러분 옷을 더럽혔다는 사실을 절대로 잊

지 마십시오. 절대로 잊지 마십시오. "이는 내가 네 모든 행한 일을 용서한 후에 네가 기억하고 놀라고 부끄러워서 다시는 입을 열지 못하게 하려 함이니라"(겔 16:63). 형제 여러분, 옷을 더럽히지 않으려면, 행실을 삼가십시오. 여러분이 하나님께 얼마나 큰 원수였는지 결코 잊어서는 안 됩니다.

2) 자기 마음을 더 깊이 아십시오. 젊은 성도들 중에 자기 마음을 아는 사람이 얼마나 드문지, 생각만 해도 걱정입니다. 여러분 마음이 절망스럽도록 악하다는 것을 더 깊이 꿰뚫어 보게 해 달라고 기도하십시오. 저는 여러분이 대부분 몰라서 넘어진다고 믿습니다. 무지해서 넘어집니다.

3) 열린 샘에 가서 끊임없이 죄를 씻으십시오(슥 13:1). 잊지 마십시오. 용서는 한 번 받고 마는 것이 아니라, 거듭해서 받는 것입니다. 용서는 자꾸자꾸 되풀이되어야 합니다. 이 샘으로 가는 것을 잊지 마십시오. 깨끗한 옷으로 다닐 길은 이 길밖에 없습니다.

4) 성령으로 여러분을 붙들어 달라고 기도하십시오. 사랑하는 형제 여러분, 여러분의 연약함을 깨달아 안다면, 이 증명된 보혜사께 기대십시오. 성령으로 여러분의 생각

에 빛을 비추시고, 여러분의 마음을 충만하게 해 달라고 자꾸 구하십시오. 아, 하나님의 성령을 달라고 기도하십시오! 하늘로 가는 길은 성령으로 가는 길밖에 없기 때문입니다. 성령님이 여러분을 인도하게 하십시오. "주의 영은 선하시니 나를 공평한 땅에 인도하소서"(시 143:10). 사랑하는 형제 여러분, 여러분의 옷을 더럽히지 않을 길은 이 길밖에 없습니다.

마지막으로, 이 약속을 마음에 새기십시오. "흰 옷을 입고 나와 함께 다니리니 그들은 합당한 자인 연고라"(계 3:4). 저는 우리와 함께 앉은 많은 사람이 흰 옷을 입고 그리스도와 함께 다니고 있다고 믿습니다. 오늘 여기 앉은 많은 사람이 다음 성찬 주일이 오기까지 그리스도와 함께 있을 것입니다. "아버지여 내게 주신 자도 나 있는 곳에 나와 함께 있어……나의 영광을 그들로 보게 하시기를 원하옵나이다"(요 17:24). 그리스도께서는 여러분이 자신과 함께 있기를 바라십니다. 그리스도께서 우리와 함께 섬길 목적이 없으셨다면, 우리를 식탁에서 빼내어 영광으로 데려가셨을 것입니다.

사랑하는 형제 여러분, 여러분이 그리스도와 함께 다녀

야 한다는 것을 절대로 잊지 마십시오. 이것은 그리스도와 가장 가까운 친밀함을 나타내는 표현입니다. 외로운 산책길에 누군가 함께 걷도록 허락하는 것은 친밀함의 표시 아닙니까? 그리스도께서도 마찬가지이실 것입니다. "네가 나와 함께 다니리라." 형제 여러분, 그리고 여러분이 "흰옷", 곧 그리스도의 옷을 입고 그리스도와 함께 다녀야 한다는 것을 잊지 마십시오. 형제 여러분, 이것은 하늘의 예복입니다. 성경은 그리스도께서 강림하사 그 성도들에게서 영광을 받으시고 모든 믿는 자에게서 놀랍게 여김을 얻으시리라고 말하는데(살후 1:10), 저는 천사들이 우리 옷을 보고 우리를 알아보리라고 믿습니다.

사랑하는 형제 여러분, 여러분이 그리스도와 함께 다녀야 하기 때문에 그리스도의 원수들과 함께 다녀서는 안 된다는 것을 잊지 마십시오. "너희는 믿지 않는 자와 멍에를 함께 메지 말라"(고후 6:14). 낙원의 나무 그늘 아래서 그리스도와 함께 거닐 우리가 왜 세상과 함께 다녀야 합니까? 세상이 여러분을 꾀어 같이 춤추고 즐기자고 할 때, 여러분이 그리스도와 함께 다녀야 한다는 사실을 떠올리십시오. "나와 함께 다니리니." 형제 여러분, 이것은 다음 주를 말할 수도 있고, 몇 시간 뒤를 말할 수도 있습니다. 아, 지금 그리스도와 함께 다니십시오. 여기서 그리스도와 함께 다니십시오. 그러면 곧 요한이 머리를 기댄 곳에 여러분도 머리를 기대게 될 것입니다.

끝으로, 흰 옷을 귀하게 여기십시오. 이 옷은 하늘에서 입을 옷입니다. 그리스도께서 이기는 자에게 주시는 옷입니다. "내가 그 이름을 생명책에서 결코 지우지 아니······하리라"(계 3:5). 아, 형제 여러분, 이 옷이 빛과 같이 희고, 율법과 같이 넓다는 것을 잊지 마십시오. 이 옷을 입으십시오. 그러면 우리는 곧 합당한 자로 드러나 하늘에서 그리스도와 함께 다닐 것입니다. 주께서 여러분에게 복 주시고, 던디에서도 몇 명을 데려다가 흰 옷을 입히시고 당신과 함께 다니게 해 주시기를 빕니다. 아멘.[3]

---

3 저자는 그날 예배를 마칠 때마다 예배에 참석한 각 부류의 사람들에게 성경 본문을 남겨 두었는데, 이날은 다음 구절을 남겨 두었습니다.

하나님의 백성에게(요일 5:21)
수고하고 무거운 짐 진 분들을 위해(렘 13:27).
회심하지 않은 분들을 위해(벧전 4:18).

—

2

이스라엘에 대한 우리의 의무

—

2. 이스라엘에 대한 우리의 의무[4]

먼저는 유대인에게요(롬 1:16).

사람들은 대부분 그리스도의 복음을 부끄러워합니다. 지혜로운 사람들은 복음이 논증하지 말고 믿으라고 하니까 복음을 부끄러워합니다. 훌륭한 사람들은 복음이 누구 할 것 없이 다 한 몸의 지체가 되게 하니까 복음을 부끄러워합니다. 부유한 사람들은 복음을 돈 없이, 값없이 가질 수 있어서 복음을 부끄러워합니다(사 55:1). 신이 난 사람들은 복음이 자기네 흥을 다 깨뜨릴까 봐 겁이 나서 복음을 부끄러워합니다. 이렇게 해서 길 잃은 죄인의 보증인으로 세상에 오신 영광스러운 하나님 아드님의 좋은 소식은 멸시

---

4 1839년 11월 17일, 유대인 선교에 다녀오고 나서 한 설교.

와 천대를 받습니다. 사람들은 복음을 부끄러워합니다. 누가 복음을 부끄러워하지 않습니까? 하나님의 성령께서 그 마음을 만지신 적은 무리뿐입니다. 이들도 한때는 세상과 같았고 세상에 속해 있었지만, 성령님이 깨우셔서 그 죄와 비참을 보여 주시고, 그리스도만이 피난처임을 보여 주셨습니다. 그래서 이제 이들은 '그리스도밖에 없나이다. 그리스도뿐이옵나이다! 그리스도의 십자가 외에는 아무것도 자랑할 것이 없나이다' 하고 외칩니다. 그리스도를 그 마음에 소중히 여깁니다. 그리스도가 이들의 마음에 사시고, 이들의 입에 자주 오르고, 이들의 가정에서 찬송을 받으십니다. 이들은 온 세상에 그리스도를 전파하려 할 것입니다. 이들은 복음이 유대인에게, 그리고 헬라인에게 구원을 주시는 하나님의 능력이라는 것을 몸소 체험했습니다. 사랑하는 친구 여러분, 여러분도 체험하셨습니까? 여러분도 말에 있지 않고 오직 능력에 있는 복음을 받으셨습니까(고전 4:20)? 하나님의 능력이 말씀과 더불어 여러분 영혼에 나타났습니까? 그렇다면 이 말씀은 여러분 것입니다. "내가 그리스도의 복음을 부끄러워하지 아니하노니."

이 진술에 담긴 특이한 내용 하나를 눈여겨보시면 좋겠

습니다. 바울이 자랑하는 복음은 "먼저는 유대인에게" 구원을 주시는 하나님의 능력입니다. 여기서 저는 '복음은 먼저 유대인에게 전해야 한다'는 교리를 끌어냈습니다.

1. 유대인이 먼저 심판을 받을 것이기 때문입니다.

"진노와 분노로 하시리……니 먼저는 유대인에게요"(롬 2:6-10). 아, 유대인이 하나님의 심판대 앞에 먼저 나와 심판을 받는다니, 생각만 해도 끔찍합니다. 크고 흰 보좌가 놓이고 하나님이 그 위에 앉으시자 땅과 하늘도 그 앞에서 피하여 온데간데없이 사라질 때, 책들이 펼쳐지고 죽은 자들이 큰 자나 작은 자나 하나님 앞에 서서 그 책들에 적힌 대로 심판을 받을 때(계 20:11-12), 이스라엘, 불쌍하고 눈먼 이스라엘이 하나님 앞에 먼저 서서 심판을 받는다니, 생각만 해도 놀랄 일 아닙니까?

인자가 영광 중에 모든 천사와 함께 와서 자기 영광의 보좌에 앉으시고, 모든 민족을 자기 앞에 모으고 목자가 양과 염소를 갈라놓듯 사람들을 갈라놓으신다고 할 때(마 25:31-32, 현대인의 성경), 그 거룩하신 입에서 "저주를 받은 자들아 나를 떠나……라"(마 25:41)는 끔찍한 선고가 나오고, 죄 있는 많은 사람이 그 앞을 떠나 영벌에 들어간다고 할 때, 여러분 중에 가장 생각이 얕은 사람이라도 진노와 분노가 먼저 유대인에게 임해서 이들의 얼굴이 누구보다 더 하얗게 질리고, 이들의 무릎이 누구보다 더 부들부들 떨리고, 이들의 마음이 누구보다 더 낙담하리라는 것을 충분히 생각해 볼 수 있지 않습니까?

왜 그렇습니까? 이들은 다른 어떤 백성보다 빛을 더 많이 받았기 때문입니다. 하나님이 이들을 세상에서 택하여 자기 증인으로 삼으셨습니다. 모든 선지자를 이들에게 먼저 보내셨고, 모든 전도자와 사도에게 이들에게 전할 말씀을 주셨습니다. 메시아가 이들에게 오셨습니다. "나는 이스라엘 집의 잃어버린 양 외에는 다른 데로 보내심을 받지 아니하였노라"(마 15:24). 하나님의 말씀이 여전히 이들에게 전해지고, 여전히 이들 손에 깨끗하고 때 묻지 않은 상태로 들려 있습니다. 그런데도 이 모든 빛과 사랑을 거슬러 죄를 지었습니다. "예루살렘아 예루살렘아 선지자들을 죽이고 네게 파송된 자들을 돌로 치는 자여 암탉이 그 새끼를 날개 아래에 모음 같이 내가 네 자녀를 모으려 한 일이 몇 번이더냐 그러나 너희가 원하지 아니하였도다"(마

23:37). 이들이 받을 진노의 잔이 다른 누구의 잔보다 더 가득 찼고, 이들이 건널 진노의 바다가 다른 누구의 바다보다 더 깊습니다. 어느 나라를 가서 보든지 이들이 하나님의 저주 아래 있다는 것이 그 얼굴에 다 쓰여 있습니다.

그렇다면 이것이 바로 유대인에게 먼저 복음을 전해야할 이유 아니겠습니까? 이들은 다른 누구보다 더 끔찍하게 멸망하게 생겼습니다(눅 12:48). 잃어버린 자들에게 지금도 몰려드는 진노와 분노의 구름이 죄책 있고 불행하고 믿지 않는 이스라엘의 머리를 먼저 덮칠 것입니다. 그런데 여러분은 이토록 딱한 처지에 있는 이들에게 먼저 달려갈 그리스도의 심장이 없으십니까? 병원에서 마음씨 좋은 의사는 당장 죽게 생긴 환자의 병상으로 먼저 달려갑니다. 배가 가라앉아서 용기 있는 뱃사람들이 물에 빠진 선원들을 구하려고 바다로 나설 때, 먼저 물에 잠겨 죽게 생긴 사람한테 도움의 손길을 내밀지 않습니까? 우리도 이스라엘에게 똑같이 해야 하지 않을까요? 하나님이 노하셔서 큰 물결이 먼저 이들을 덮치게 생겼습니다. 먼저 이들을 물결이 닿지 않는 높은 바위로 데려가려고 해야 하지 않을까요? 이들의 처지가 그 누구보다 더 절박합니다. 이들에게 홀로 고쳐

낮게 하실 수 있는 좋은 의사를 모시고 가야 하지 않겠습니까(렘 33:6)? 복음은 먼저는 유대인에게, 그리고 헬라인에게 구원을 주시는 하나님의 능력이기 때문입니다.

저는 여러분 중에 이스라엘과 아주 비슷한 처지에 놓인 분들, 하나님 말씀을 손에 들고도 여전히 믿지 않고 구원받지 못한 분들에게 아무 말도 하지 않고 이 대목을 그냥 지나칠 수 없습니다. 스코틀랜드는 여러모로 보아 제2의 이스라엘이라 할 만합니다. 어떤 나라도 스코틀랜드처럼 안식일을 가진 나라가 없습니다. 어떤 나라도 스코틀랜드처럼 성경을 가진 나라가 없습니다. 어떤 나라도 우리가 들이쉬는 공기처럼 값없이, 영원한 산에서 흘러내리는 개울처럼 신선하게 복음이 전해지는 나라가 없습니다. 아, 그렇다면 잠시 생각해 보십시오. 신실한 목사의 그늘 밑에 앉아서도 아랑곳하지 않고 여전히 회심하지 않은 채로 남아 그리스도의 그늘 밑으로 인도받지 않는 여러분, 여러분이 받을 진노가 믿지 않는 유대인들이 받을 진노와 얼마나 비슷할지. 그리고 나서 여러분에게 먼저 복음을 전해 주신 그리스도의 은혜가 얼마나 놀라운지 생각해 보십시오. 여러분의 죄가 주홍 같고 진홍 같을수록, 눈과 같이 희게 씻는 피가 여러분에게 더욱 값없습니다(사 1:18). '예루살렘에서 시작하라'(눅 24:47)는 여전히 자기 모든 일꾼에게 하시는 그리스도의 말씀이기 때문입니다.

2. 먼저 유대인을 보살피는 것이 하나님을 닮는 것이기 때문입니다.

하나님을 닮는 것은 영혼의 첫째가는 영광이요 기쁨입니다. 창조 받은 상태에서 아담의 영광이 하나님을 닮은 것 아니었습니까? "우리의 형상을 따라 우리의 모양대로 우리가 사람을 만들……자"(창 1:26). 아담의 지각에는 구름 한 점 끼지 않았습니다. 아담은 어느 정도 하나님이 보시는 대로 보았습니다. 하나님과 한뜻을 품었습니다. 하나님이 좋아하신 것을 좋아했습니다. 사람이 타락했을 때, 우리는 이것을 다 잃어버리고, 하나님의 자녀가 아닌 마귀의 자녀가 되었습니다. 그러나 길 잃은 영혼이 그리스도께 인도받고 성령을 받을 때, 이 영혼은 옛 사람을 벗어 버리고 하나님을 따라 의와 진리의 거룩함으로 지으심을 받은 새 사람을 입습니다(엡 4:22, 24). 하나님을 닮는 것은 이 세상에서 우리의 참된 기쁨입니다. 용서받는 기쁨에 만족하는 사람이 수두룩한데, 우리의 가장 참된 기쁨은 하나님을 닮는 것입니다. 아, 사랑하는 여러분, 하나님의 형상을 따라 새롭게 하심을 입을 때까지, 신성한 성품에 참여할 때까지 만족하지 마십시오(골 3:10; 벧후 1:4). 그리스도가 나타나셔서 우리가 그리스도를 참모습 그대로 보고 그리스도와 온전히 같이 될 그날을 간절히 기다리십시오(요일 3:2).

자, 제가 지금 말씀드리고 싶은 것은, 특별한 점에서도 하나님을 닮아야 한다는 것입니다. 우리는 지각과 뜻과 거룩함에서 하나님을 닮아야 할 뿐 아니라, 특별한 애정에서도 하나님을 닮아야 합니다. "사랑은 하나님께 속한 것이니 사랑하는 자마다 하나님으로부터 나서 하나님을 알고 사랑하지 아니하는 자는 하나님을 알지 못하나니 이는 하나님은 사랑이심이라"(요일 4:7-8). 그런데 성경 전체가 보여 주는 것은, 하나님께서 이스라엘을 특별히 사랑하신다는 사실입니다. 유대인들이 애굽에 있을 때 감독관들에게 심한 압제를 받자, 하나님께서 이들의 부르짖음을 들으시고 모세에게 나타나지 않으셨습니까? "내가 애굽에 있는 내 백성의 고통을 분명히 보고 그들이 그들의 감독관으로 말미암아 부르짖음을 듣고 그 근심을 알고"(출 3:7; 행 7:34).

또 모세는 하나님이 이스라엘을 데리고 광야 한복판을

지나신 까닭을 이렇게 설명합니다. "너희는 모든 민족 가운데 가장 적으니 여호와께서 너희를 사랑하시고 너희를 택하신 것은 너희가 다른 민족보다 수효가 많기 때문이 아니요 여호와께서 너희를 사랑하셨기 때문이라"(신 7:7-8 KJV 직역). 이상하고, 주권적이고, 가장 독특한 사랑입니다. 하나님이 이들을 사랑하신 것은 이들을 사랑하셨기 때문입니다. 이 특별한 애착에서도 우리가 하나님을 닮아야 하지 않을까요?

하지만 여러분은 '하나님이 이들을 포로로 보내지 않으셨냐?'고 되묻습니다. 자, 하나님이 이들을 각 나라에 흩으신 것은 사실입니다. "순금에 비할 만큼 보배로운 시온의 아들들이 어찌 그리 토기장이가 만든 질항아리 같이 여김이 되었는고"(애 4:2). 그런데 하나님이 이 일을 두고 뭐라고 하십니까? "내가 내 집을 버리며 내 소유를 내던져 내 마음으로 사랑하는 것을 그 원수의 손에 넘겼나니"(렘 12:7). 이스라엘을 아주 잠깐 그 원수의 손에 넘기신 것은 사실이지만, 하나님이 여전히 이들을 마음 깊이 사랑하신다는 것도 사실입니다. 하나님이 이들을 마음 깊은 곳에 두셨다면, 우리도 이들을 마음 깊은 곳에 두어야 하지 않겠습니까? 우리의 하늘 아버지께서 품으신 바로 그 애정을 품는 것이 부끄러운 일입니까? 우리가 세상을 닮지 않고, 하나님과 같이 포로 된 이스라엘을 유달리 사랑하는 것이 부끄러운 일입니까?

하지만 여러분은 '하나님이 이들을 버리지 않으셨냐?'고 되묻습니다. 하나님이 미리 아신 자기 백성을 버리셨습니까(롬 11:1-2)? 그럴 수 없습니다! 성경 전체가 그런 생각을 반대합니다. "에브라임은 나의 사랑하는 아들 기뻐하는 자식이 아니냐 내가 그를 책망하여 말할 때마다 깊이 생각하노라 그러므로 그를 위하여 내 창자가 들끓으니 내가 반드시 그를 불쌍히 여기리라 여호와의 말씀이니라"(렘 31:20). "내가 기쁨으로 그들에게 복을 주되 분명히 나의 마음과 정성을 다하여 그들을 이 땅에 심으리라"(렘 32:41). "오직 시온이 이르기를 여호와께서 나를 버리시며 주께서 나를 잊으셨다 하였거니와 여인이 어찌 그 젖 먹는 자식을 잊겠으며 자기 태에서 난 아들을 긍휼히 여기지 않겠느냐 그들은 혹시 잊을지라도 나는 너를 잊지 아니할 것이라"(사 49:14-15). "그리하여 온 이스라엘이 구원을 받으리라 기록된 바 구원자가 시온에서 오사 야곱에게서 경건하지 않은 것을 돌이키시겠고"(롬 11:26). 자, 여러분 한 분 한 분에게, 또 사랑하는 우리 교회에 던질 단순한 물음은 이것입니다. 이스라엘을 향한 하나님의 이 특별한 애정을 우리도 함께 가져야 하지 않을까요? 우리 안에 하나님의 영이 충만하다면, 우리도 하나님이 사랑하시듯 사랑해야 하지 않을까요? 우리도 이스라엘을 우리 손바닥에 새기고, 우리가 얻은 긍휼로 그들도 긍휼을 얻게 하겠다고 다짐해야 하지 않겠습니까(사 49:16; 롬 11:31)?

3. 유대인에게 유난히 다가가기가 쉽기 때문입니다.

우리가 들른 거의 모든 나라에서 이것은 아주 눈여겨볼 만한 사실입니다. 참으로 많은 곳에서 기독교 선교사에게 열린 문이 유대인에게 전도하는 문밖에 없어 보입니다.

우리는 이탈리아 전역에서 가장 자유로운 토스카나 주에 잠깐 머물렀습니다. 여러분, 거기서 천주교도 주민들에게 복음을 전하려 해 보십시오. 엄두도 못 냅니다. 소책자나 성경을 나누어 주면, 곧바로 사제 손에 들어가 관청에 넘겨지고, 말할 것도 없이 그 자리에서 바로 쫓겨납니다. 그렇지만 유대인에게는 문이 열려 있습니다. 이들의 영혼에 관심 있는 사람이 아무도 없습니다. 그래서 얼마든지 복음을 전해도 괜찮습니다.

이집트나 팔레스타인도 상황은 마찬가지입니다. 거기서 마호메트에 미혹된 사람들에게 복음을 전하려 해 보십시오. 엄두도 못 냅니다. 하지만 유대인에게는 실외 장터에 서서 복음을 전해도 괜찮습니다. 아무도 막는 사람이 없기 때문입니다. 우리는 '거룩한 땅'[5]에서 유대인들이 보이는 마을은 죄다 찾아갔습니다. 예루살렘과 헤브론에서는 유대인들에게 이 생명의 말씀을 다 전했습니다(행 5:20). 수가에서는 회당과 실외 장터에서 유대인들과 논쟁을 했습니다. 카르멜 산 자락에 있는 하이파에서는 회당에서 유대인들을 만났습니다. 시돈에서도 우리는 유대인들에게 예수님에 대해 자유롭게 강론했습니다. 두로에서는 회당과 랍비 집에서 처음 유대인들을 만났는데, 나중에 우리 방문에 보답을 받았습니다. 한낮에 너무 뜨거워서 숙소에 누워 있는데, 여럿이서 우리를 찾아왔습니다. 우리를 위협하는 사람이 없었기 때문에, 히브리어 성경을 냈고, 구절구절 풀이해 나갔습니다. 제파트와 티베리아스와 아크레에서도

---

5   옛 이스라엘 땅을 말한다.

같은 자유가 있었습니다. 거룩한 땅에는 유대인에게 복음을 전해도 될 참으로 온전한 자유가 있습니다.

콘스탄티노플에서 어떤 사람들이 그랬던 것처럼 이슬람 교도들에게 복음을 전하려고 해 보십시오. 결국은 쫓겨나고 맙니다. 하지만 유대인에게는 말씀을 전해도 괜찮습니다. 왈라키아와 몰다비아 공국에서는 헬라인을 개종시키려는 낌새만 보여도, 즉각 주교 회의와 관청의 보복을 당할 것입니다. 하지만 가는 마을마다 유대인에게는 마음껏 다가갔습니다. 부쿠레슈티와 폭샤니와 이아시에서, 왈라키아의 수많은 외딴 뜸마을에서, 우리는 아무 방해 없이 이스라엘에게 말씀을 전했습니다. 문이 활짝 열려 있습니다.

어떤 선교사도 허락하지 않는 오스트리아에서도, 우리는 말씀을 듣고 싶어 하는 유대인들을 만날 수 있었습니다. 이들은 언제나 우리에게 회당 성소를 열어 주었고, 우리를 폭로할 수 있을 때에도 우리가 거기 있다는 것을 몇 번이나 숨겨 주었습니다.

프로이센령 폴란드에서는 십만에 가까운 유대인들에게 문이 활짝 열려 있습니다. 거기서 불쌍한 합리주의 개신교도들에게 전도하려 해 보십시오. 엄두도 못 냅니다. 개신교 지역인 프로이센에서조차 복음 전하는 것이 허락되지 않겠지만, 유대인에게는 복음을 전해도 괜찮습니다. 국법으로 모든 교회가 안수 받은 목사에게 열려 있고, 또 한 선교사는 틀림없는 사실이라면서 자기가 한 번에 사오백 명 되는 유대 남녀에게 여러 번 복음 전한 이야기를 해 주었습니다. 유대인 아이들을 위한 학교도 허가를 받았습니다. 우리는 그 가운데 세 학교를 방문했는데, 아이들에게 구속자로 말미암은 구원의 길을 가르치는 것을 들었습니다. 12년 전만 해도 유대인들은 교회를 가까이하려고 하지 않았습니다.

이것이 다 사실이라면(여러분 중에 이 나라들이 그렇지 않은 줄로 알고 계시는 모든 분에게 호소합니다), 한쪽 문은 닫혔고 이스라엘로 가는 문은 활짝 열렸다면, 아, 여러분, 하나님께서 당신의 말씀으로만 아니라 당신의 섭리로 "차라리 이스라엘 집의 잃어버린 양에게로 가라"(마 10:6)고 말씀하신다는 생각이 들지 않으십니까? 우리가 이 부르심에 순종하지 않는다면, 이 사실을 아는 우리 교회에 죄가 없으리라고 생각하십니까? 복음은 먼저는 유대인에게 그리고 헬라인에게 구원을 주시는 하나님의 능력이기 때문입니다.

4. 이들이 죽은 세상에 생명을 불어넣을 것이기 때문입니다.

저는 생각이 깊은 사람이라면 세계 각지를 여행하다가 곳곳마다 있는 이스라엘 민족을 보면서, 타고난 이성의 빛만으로도 이 독특한 백성이 이 세상에 보전되는 것은 어떤 커다란 목적이 있기 때문 아닌가 하고 짐작할 수 있으리라고 자주 생각했습니다. 유대인은 세상의 선교사가 되기에 유난히 알맞습니다. 이들은 우리처럼 집과 고향에 대한 남다른 애착이 없습니다. 자기들이 각 나라에서 떨꺼둥이 신세라고 느낍니다. 이들은 또 모든 기후에 단련이 되어 있습니다. 러시아의 눈 속에도 있고, 힌두스탄의 뜨거운 태양 아래도 있습니다. 이들은 또 세계 각 나라의 말을 어느 정도 잘 알면서도, 서로 소통할 수 있는 공통어, 거룩한 방언을 가지고 있습니다. 저는 지각 있는 사람이라면 누구나 다른 나라를 여행할 때 이 모든 것을 머릿속에 떠올려야 한다고 생각합니다. 그런데 하나님은 뭐라고 말씀하십니까?

"유다 족속아, 이스라엘 족속아, 너희가 이방인 가운데에서 저주가 되었었으나 이제는 내가 너희를 구원하여 너희가 복이 되게 하리니 두려워하지 말지니라 손을 견고히 할지니라"(슥 8:13). 이들은 오늘날까지 믿지 않아서, 또 탐심 때문에 여러 민족 가운데 저주가 되었습니다. 그러나 이들이 저주가 되었던 만큼 큰 복이 될 날이 다가오고 있습니다.

"야곱의 남은 자는 많은 백성 가운데 있으리니 그들은 여호와께로부터 내리는 이슬 같고 풀 위에 내리는 단비 같아서 사람을 기다리지 아니하며 인생을 기다리지 아니할 것이며"(미 5:7). 우리는 바짝 마른 유다 언덕 사이에서 살며시 내리는 저녁 이슬이 모든 푸나무에 생기를 불어넣어 풀이 돋고 꽃이 가장 싱그러운 향기를 내는 것을 보았습니다. 회심한 이스라엘이 죽고 마른 세상에 이슬 같이 내릴 때도 같은 일이 일어날 것입니다.

"그날에는 말이 다른 이방 백성 열 명이 유다 사람 하나의 옷자락을 잡을 것이라 곧 잡고 말하기를 하나님이 너희와 함께 하심을 들었나니 우리가 너희와 함께 가려 하노라 하리라"(슥 8:23). 이 말씀은 아직 이루어진 적이 없습니다. 하지만 하나님 말씀은 참되기에 이 말씀도 참됩니다. 어떤 사람은 '유대인이 세상의 훌륭한 선교사가 될 것이라면, 유대인에게만 선교사를 보냅시다. 우리는 새로운 빛을 받았습니다. 그러니까 인도로 보낸 우리 선교사들을 다시 불러들입시다. 거기서 유대인이 할 일을 하면서 소중한 삶을 낭비하고 있습니다' 하고 말할지 모릅니다. 이스라엘을 좋아하는 어떤 사람이 이 진리를 지나치게 왜곡해 이런 식으로까지 주장할 것을 생각하면 참 마음이 아픕니다. 성경은 복음을 유대인에게'만' 전하라고 하지 않고, 유대인에게 '먼저' 전하라고 말합니다. "너희는 온 천하에 다니며 만민에게 복음을 전파하라"(막 16:15)는 것이 구주의 말씀입니다. 이 말씀을 어린아이처럼 따릅시다. 주께서 그 불볕더위 속에서도 사랑하는 우리 선교사들에게 평탄함을 주셔서, 이들의 순수한 마음이 '이곳이 내 영광스런 일터가 맞는가' 하는 의심으로 풀 죽지 않게 해 주시기를 바랍니다. 다만 우리가 간구하는 것은, 우리가 이방인에게 선교사를 보낼 때 예루살렘에서 시작하라는 말씀을 잊지 않게 해 달라는 것뿐입니다. 바울이 이방인에게 보냄을 받는다면, 베드로는 뿔뿔이 흩어진 열두 지파에게 보냄을 받게 합시다 (벧전 1:1; 약 1:1). 이 일을 마음 한 귀퉁이에 박아 두지 맙시다. 우리 교회가 하는 다른 일의 들러리가 되게 하지 맙시다. 도리어 우리 마음 한가운데 새기고, 사랑하는 우리 교회의 표어로 삼읍시다. "먼저는 유대인에게요", "예루살렘에서 시작하여."

5. 큰 상급이 있기 때문입니다.

"너를 축복하는 자마다 복을 받을 것이요 너를 저주하는
자마다 저주를 받을지로다"(민 24:9). "예루살렘을 위하여
평안을 구하라 예루살렘을 사랑하는 자는 형통하리로라"
(시 122:6). 우리는 이 말씀을 우리 영혼으로 느꼈습니다.
한 나라 한 나라 들를 때마다, 우리 갈 길을 예비하시는 분
이 우리 앞에 계시다는 것을 느꼈습니다. 물론 강의 위험
과 광야의 위험과 질병의 위험과 이방인의 위험이 있었지
만, 주님은 이 모든 데서 우리를 건져 주셨습니다. 하나님
이 이 선교에 함께한 존경하는 우리 동료들을 걱정하는 식
구들 품에 아무 탈 없이 평안히 돌려보내 주시기를 기뻐하
신다면,[6] 우리는 '주의 계명을 지키면 상이 크다'고 말해도
좋을 것입니다(시 19:11).

　그러나 이 일이 여러분 마음속에서 제자리를 찾는다면,
여러분의 영혼도 부유해질 것이고, 우리 교회 역시 부유해

6　블랙Alexander Black 박사와 키이스Alexander Keith 박사가 이때도 아직 질병으로
　외국에 발이 묶여 있었다.

질 것입니다. 여러분 마음속에 깊이 자리 잡은 한 사람, 지금 인도로 가고 있는 사람이 좋은 얘기를 했습니다. 우리 교회가 하나님의 복을 기대하려면, 복음의 교회가 되어야 할 뿐 아니라, 복음을 전하는 교회가 되어야 한다는 것입니다. 우리 교회가 하나님의 청지기 노릇을 쭉 해 나가려면, 빛을 가지고 있을 뿐 아니라, 빛을 나누어 주어야 한다는 것입니다. 제가 이런 놀랄 만한 선언을 마음대로 덧붙여도 될지 모르겠습니다. 곧, 우리는 복음을 전하되 하나님이 우리에게 시키시는 대로 전해야 하고, 이 빛을 모든 사람 손에 나누어 주되 먼저 유대인에게 나누어 주어야 합니다.

그러면 하나님이 하나님의 일을 이 수년 내에 부흥하게 하실 것입니다(합 3:2). 이 나라 전체가 킬시스처럼 새롭게 하심을 입을 것입니다. 우리 성소에서 논쟁의 거미줄이 걷힐 것이고, 우리 교회의 다툼과 시샘이 한데 어우러진 찬송으로 바뀌고, 우리 심령은 물 댄 동산 같을 것입니다(렘 31:12).

3

겉모습만 유대인이 유대인이 아니요

3. 겉모습만 유대인이 유대인이 아니요[7]

> 무릇 표면적 유대인이 유대인이 아니요 표면적 육신의 할
> 례가 할례가 아니니라 오직 이면적 유대인이 유대인이며
> 할례는 마음에 할지니 영에 있고 율법 조문에 있지 아니한
> 것이라 그 칭찬이 사람에게서가 아니요 다만 하나님에게
> 서니라(롬 2:28-29).

형식주의는 사람의 마음이 가장 얽매이기 쉬운 죄가 아닌
가 싶습니다. 이것은 누구에게서나, 어디에서나 볼 수 있
습니다. 이것은 육신에 속한 사람의 마음을 기세등등하게
다스릴 뿐 아니라, 하나님 자녀의 마음속 보좌를 도로 빼
앗으려고 끊임없이 애씁니다. 타락한 사람이 지각이 없고,

---

7 1836년 11월 2일, 던디 노회에서 한 설교.

본래 똑똑하고 드높던 지능이 뚝 떨어졌고, 하나님 형상을 따라 지음 받은 지식을 몽땅 잃어버렸다는 증거를 찾는다면, 세상의 절반도 넘는 사람을 속여서 영원한 멸망에 빠뜨리는 이 한 가지 이상하고 터무니없는 자만심, 곧 그저 몸을 납작 엎드려 절만 하면 하나님이 기뻐하실 것이고, 마음은 하나님과 멀어도 입술로 하나님을 예배할 수 있다고 생각하는 이 교만한 마음을 가리키겠습니다. 바울이 오늘 말씀에서 겨냥하는 것은, 바로 이 오류, 인류를 옭아매되, 유독 유대인의 마음을 옭아맨 오류입니다. 크게 눈에 띄는 점은, 바울이 이 문제를 논할 때 자신을 낮추지 않는다는 것입니다. 바울은 지극히 크다는 사도들보다 부족한 것이 조금도 없는 사도로서 아주 단호하고 권위 있게 말합니다(고후 11:5). 바울은 오늘 말씀을 평범한 머리를 가진 사람이라도 차분히 생각하기만 하면 누구나 바로 고개를 끄덕일 첫 번째 원리로 놓습니다. "무릇 표면적 유대인이 유대인이 아니요 표면적 육신의 할례가 할례가 아니라 오직 이면적 유대인이 유대인이며 할례는 마음에 할지니 영에 있고 율법 조문에 있지 아니한 것이라 그 칭찬이 사람에게서가 아니요 다만 하나님에게서니라."

잇따르는 강론에서 제가 아주 간단히 보여 드릴 내용은, 첫째, 겉으로 무엇을 지키는 것이 죄인이 의롭다 하심을 받는 데는 아무 소용이 없다는 것이고, 둘째, 겉으로 무엇을 지키는 것이 믿는 사람의 성화를 결코 대신할 수 없다는 것입니다.

1. 겉으로 무엇을 지키는 것이 죄인이 의롭다 하심을 받는 데는 아무 소용이 없습니다.

지난번 강론 때 저는 각성한 영혼이 하나님의 의로 피하기 전에 달려갈 몇 가지 거짓 피난처를 보여 드리려고 했습니다. 그리고 그 하나하나에서 우리가 본 것은, 자기가 피운 횃불을 둘러 띤 이 영혼이 하나님 손에서 얻을 것은 슬픔 중에 눕는 것뿐이라는 사실이었습니다(사 50:11, 개역한글). 먼저, 각성한 영혼은 보통 하나님의 율법을 겉핥기로 아는 데 만족하고, "이것은 내가 어려서부터 다 지키었나이다"(눅 18:21)고 말합니다. 그러다가 율법의 신령함이 드러나면, 율법의 구조 자체를 허물어뜨림으로 도망가려고 애씁니다. 그런데 이것도 안 될 때는, 자기 죄를 비겨 없애려고 과거의 덕행으로 달아납니다. 그리고 이것도 안 될 때는,

성년의 점잖음으로 젊은 날의 어리석음을 만회하려고 자기를 뜯어고치기 시작합니다. 아, 어두운 마음이 지어내고 영혼의 사악한 원수가 권하는 이런 책략이 다 얼마나 부질없습니까!

그런데 제가 아직 이야기하지 않은 거짓 피난처, 각성한 마음이 양심의 가죽 채찍과 율법의 전갈 채찍을 피해 평안을 얻으려고 허겁지겁 달려가는 또 다른 거짓 피난처가 있습니다. 바로 경건의 모양입니다. 이 사람은 종교인이 될 테고, 이것이 틀림없이 이 사람을 구원해 줄 것입니다. 이제 삶의 방향이 확 달라집니다. 전에는 은혜의 방편을 대수롭지 않게 여겼을 것입니다. 침상 옆에 무릎을 꿇지도 않았고, 자녀와 종들을 곁에 불러 모아 기도한 적도 없습니다. 혼자서나 식구들과 함께 말씀을 읽은 적도 없고, 주일을 지키는 사람들과 함께 하나님의 집에 간 적도 별로 없습니다. 또 믿는 사람의 참된 양식인 떡을 먹지도, 참된 음료인 잔을 마시지도 않았습니다(요 6:55).

그런데 이제 태도가 싹 바뀌었고, 방향이 확 달라졌습니다. 혼자 있을 때에도 기도하려고 무릎을 꿇고, 정해 놓은 시간에 꼬박꼬박 말씀을 읽습니다. 아침저녁으로 가정예

배까지 드립니다. "기도하는 집"(마 21:13)에 한 번도 빠지지 않고 늘 진지한 얼굴로 같은 자리에 앉아 있습니다. 이제 세례 받은 때를 흐뭇한 마음으로 되돌아보고, 주님의 식탁에 앉아 자녀의 떡을 먹습니다. 친구고 이웃이고 할 것 없이 다 달라진 것을 봅니다. 이 모습을 보고 비웃는 사람도 있고 기뻐하는 사람도 있지만, 분명한 사실 하나는 이 사람이 딴사람이 되었다는 것입니다. 그러나 "새 사람"(엡 4:24; 골 3:10)이 되고 의롭다 하심을 받은 사람이 되었는지는 모릅니다. 때마다 되풀이되는 이 모든 "육체의 훈련"(딤전 4:8, 현대인의 성경)이 하나님의 의를 입기 전에 시작된다면, 자기 의를 세워서 하나님의 의를 입는 데 억지로 굴복하지 않으려는 또 다른 방편이 될 뿐입니다(롬 10:3). 아니, 회심하지 않은 사람의 지각은 완전히 비뚤어져서, 많은 사람이 몸으로 하나님을 꾸준히 예배하는 중에도, 꾸준한 부지런함으로 버젓이 또는 은밀히 죄악을 저지릅니다. 이러한 사람들은 겉으로 무엇을 지키는 것을 지난날의 죄를 속하는 방편으로 여길 뿐 아니라, 앞으로 지을 죄를 허락받으려고 치르는 값으로 여기는 듯 보입니다. 이것이 복되신 나그네가 우물곁에 앉아서 "가서 네 남편을 불러 오라"(요 4:16)고 하시며 속을 꿰뚫어 보는 말씀을 하심으로 사마리아 여인을 안절부절못하게 하실 때, 이 불쌍한 여인이 안주하려고 했던 거짓 피난처로 보입니다. 이 여인은 애타는 마음으로 이리저리 헤매다가 마침내 피난처를 찾았습니다. 어디서 찾았습니까? 종교 의식에서 찾았습니다. "우리 조상들은 이 산에서 예배하였는데 당신들의 말은 예배할 곳이 예루살렘에 있다 하더이다"(요 4:20). 이 여인은 겉으로 무엇을 지키는 문제를 꺼내서 죄에 대한 날카로운 책망을 물리칩니다. 자기 영혼에 대한 걱정을 시온 산이냐 그리심 산이냐 하는 예배 장소에 대한 걱정으로 바꿉니다. 아, 그분이 이 물음을 해결해 주시기만 하면, 어느 산에서 하나님을 예배해야 하는지 가르쳐 주시기만 하면, 이 여인은 남은 한평생 이 혜택 받은 곳에 가서 예배할 참이었습니다. 예배할 곳이 시온 산이었다면, 구원을 얻으려고 자기 고향 산을 떠나 시온 산에 가서 예배를 드렸을 것입니다. 아, 이 여인은 여기서 근심하는 자기 영혼의 피난처를 얼마나 찾고 싶었을까요! 그때 구주께서는 하나님다우신 상냥함으로 "여자여 내 말을 믿으라 이 산에서도 말고 예루살렘에서도 말고 너희가 아버지께 예배할 때가 이르리라······하나님은 영이시니 예배하는 자가 영과 진리로 예배할지니라"(요 4:21, 24) 하고 답하셔서 이 거짓 피난처를 쓸어 없애셨습니다.

자, 마찬가지로 바울도 여기서 "무릇 표면적 유대인이 유대인이 아니요 표면적 육신의 할례가 할례가 아니니라 오직 이면적 유대인이 유대인이며 할례는 마음에 할지니 영에 있고 율법 조문에 있지 아니한 것이라 그 칭찬이 사람에게서가 아니요 다만 하나님에게서니라" 하고 단호하게 말하면서, 같은 목적으로, 같은 상냥함으로 모든 근심하는 영혼에게서 같은 거짓 피난처를 쓸어 없앱니다.

여러분 중에 하나님이 육신에 속한 마음을 죽음에 이르는 잠에서 깨워 주신 분 계십니까? 여러분, 하나님께서 여러분 마음의 장막을 걷으시고 진리의 빛을 비추셔서 여러분 영혼의 실상을 보여 주셨습니까? 여러분이 위험을 느끼고 놀라서 일어나 눈물을 흘리며 여러분의 주 하나님을 찾으러 가게 해 주셨습니까? 여러분의 걱정 없는 환한 웃음을 근심의 눈물로 바꾸어 주셨습니까? 어리석은 너털웃음을 영혼에 대한 쓰라린 고통의 울부짖음으로 바꾸어 주셨습니까? 여러분, 시온을 바라보며 시온으로 가는 길을 묻고 계십니까(렘 50:5, 새번역)? 그렇다면 이 거짓 피난처에 안주하지 않도록 조심하십시오. 잊지 마십시오. 겉모습만 유대인이 유대인이 아닙니다. 여러분, 겉으로 무엇을 지키고, 기도하고, 교회에 가고, 성경을 읽는 것으로는 하나님 앞에서 결코 의롭다 하심을 받을 수 없습니다.

영혼을 걱정하기 시작하면, 은혜의 방편에 참여하는 것도 걱정하기 시작한다는 것을 저도 잘 압니다. 화살을 맞은 사슴이 무리에서 따로 떨어져 나와 피를 흘리며 우짖듯이, 죄에 겨눈 화살을 맞은 영혼도 시시덕거리는 친구들에게서 따로 떨어져 나와 눈물을 흘리며 말씀을 읽고 기도합니다. 이 영혼은 설교 말씀을 듣고 싶어 하고, 그 욕구가 점점 커질 것입니다. 하지만 잊지 마십시오. 이 영혼은 자기 안에 일어난 이 변화에서 아무런 평안을 못 얻습니다. 어떤 사람이 목이 말라 우물에 갈 때, 우물에 간다는 사실만으로는 목마름이 가라앉지 않습니다. 도리어 한 발 한 발 내디딜 때마다 목은 더 타들어갑니다. 우물에서 길어낸 것으로만 목마름이 가십니다. 마찬가지로 은혜의 방편에 참여하는 육체의 훈련만으로는 결코 평강에 이르지 못할 것입니다. 평강에 이르려면, 그 안에서 그 몸이 참된 양식이요 그 피가 참된 음료인 예수님을 맛봐야 합니다.

그런데 '나는 은혜의 방편을 대하는 태도가 달라졌으니까, 영원한 안전은 따 놓은 당상이야' 하고 생각하고 싶은 유혹을 받는다면, 혼인 잔치 비유를 떠올리십시오(마 22장). 많은 사람이 이 잔치에 청함을 받았고 오라고 초대를 받았지만, 예복을 입은 것은 몇 사람뿐이었습니다. 많은 사람이 은혜의 방편이라는 울타리 안으로 인도받고, 갖춰진 모든 것(마 22:4), 곧 하나님 나라의 일에 대하여 상당한 관심과 걱정으로 읽고 듣겠지만, 그 가운데서 자신의 더러운 옷을 혐오하고, 예복, 곧 구속자의 의를 입게 되는 것은 몇 사람뿐입니다. 그리고 이 적은 사람만이 그대로 앉아 잔치에, 그 주인의 즐거움에 참여할 것입니다(마 25:21). 나머지는 아무 말도 못하고 서서 바깥 어두운 데로 쫓겨나 슬피 울며 이를 갈게 될 것입니다. 여러분이 죽기 전까지 성경을 읽고, 성경을 펴놓고 기도할지 모릅니다. 죽기 전까지 주일마다 설교 말씀을 들으러 가고, 성찬 때마다 주님의 식탁에 앉을지 모릅니다. 그런다고 해도 그 안에서 그리스도를 발견하지 못한다면, 그리스도께서 설교 말씀에서, 뗀 떡과 부은 포도주에서 여러분 영혼에 당신을 계시해 주시지 않는다면, 여러분이 당신에게 매달리고 당신을 바라고 믿고, 흠모하는 마음으로 "나의 주님이시요 나의 하나님이시니이다"(요 20:28), "그의 선하심과 아름다우심이 어찌 그리 큰지요"(슥 9:17, KJV 직역) 하고 외치게 해 주시지 않는다면, 겉으로 이 모든 것을 지킨다 한들 다 소용없는 일입니다. 여러분은 "구원의 우물"(사 12:3)에 왔지만, 빈 물동이로 돌아갔습니다. 여러분이 지금 육체의 훈련을 아무리 자랑하고 뽐낸다 해도, 그날에는 이것이 약간의 유익밖에 없다는 것을 깨닫게 될 것입니다(딤전 4:8). 여러분은 그날 왕 앞에 아무 말도 못하고 서 있을 것입니다.

2. 겉으로 무엇을 지키는 것이 결코 믿는 사람의 성화를 대신할 수 없습니다.

각성한 사람의 마음이 겉으로 무엇을 지키는 데서 평안을 찾고 이것을 그리스도로 만들어 하나님께 받아들여지는 방편으로 의지하기 쉽다면, 그리스도께로 인도받고 믿음의 평강을 누리는 사람도 거룩함에서 자라 가는 대신 그저 겉으로 무엇을 지키는 데에 머물기 쉽습니다. 믿는 사람은 누구나 자기 안에 있는 옛 마음이 사랑으로 역사하는 믿음

(갈 5:6), 세상을 이기는 믿음(요일 5:4)을, 설교를 듣고 기도를 되풀이하는 것으로 대체하고 싶어 한다는 것을 압니다. 자, 믿는 사람이 이런 유혹을 자주 받는 큰 까닭은 은혜의 방편을 좋아하기 때문입니다. 회심하지 않은 영혼은 좀처럼 그리스도가 정하여 주신 은혜의 방편을 좋아하지 않습니다. 이들은 예수님에게서 아름다움을 보지 못하고, 고운 모양도 풍채도 보지 못합니다. 그래서 예수님을 외면합니다(사 53:2-3, 바른 성경). 그렇다면 이들이 예수님께 항상 기도하고, 예수님을 종일 찬송하고, 예수님이 복되다고 하기를 좋아하지 않는다고 해서 놀랄 까닭이 무엇입니까?(시 72:15, 17) 이들이 십자가의 도를 미련하게 여기고, 주의 장막을 사랑하지 않고, 모이기를 폐한다고 해서 놀랄 까닭이 무엇입니까(고전 1:18; 시 84:1; 히 10:25)? 이들은 구주를 안 적도, 사랑한 적도 없습니다. 그렇다면 구주가 남기신 기념비를 어찌 좋아하겠습니까?

여러분이 세상을 떠난 친구의 묘비 옆에서 울고 있을 때, 사람들이 눈물 한 방울 흘리지 않고 그 옆을 무심코 지나쳐도 여러분은 놀라지 않습니다. 이 사람들은 여러분의 떠난 친구의 덕을 몰랐고, 그를 추억하는 향기도 모릅니다. 이와 꼭 마찬가지로 세상은 "기도하는 집"(마 21:13)에 관심이 없고, 뿌린 물과 뗀 떡과 부은 포도주에 관심이 없습니다. 예수님의 빼어나심을 본 적이 없기 때문입니다. 그러나 믿는 사람은 그렇지 않습니다. 여러분은 예수님이 필요하다는 것을 하나님께 배웠고, 그래서 그리스도에 대한 설교 듣기를 좋아합니다. 못 박히신 그리스도의 아름다움을 보았고, 그래서 그리스도를 눈앞에 생생히 보여 주는 것을 좋아합니다. 여러분은 예수님의 이름을 쏟은 향기름처럼 좋아하고(아 1:3), 그래서 예수님을 찬송하는 노래에 영원토록 동참할 수 있습니다. 여러분은 한때 안식일이 너무 번거롭다고 했고(말 1:13), 안식일이 언제 끝나서 곡식을 내느냐고 툴툴댔지만(암 8:5), 이제 이날은 즐겁고 존귀한 날(사 58:13), 일주일 중에 가장 달콤한 날이 되었습니다. 예배와 경건생활도 한때는 지루하고 따분한 일상이었지만, 이제는 여러분 영혼에 푸른 풀밭과 쉴 만한 물가입니다(시 23:2). 이것은 틀림없이 복된 변화입니다. 그렇지만 여러분은 아직 몸에 있고, 하늘에 이르지 못했습니다. 사탄이 곁에서 서성이고 있습니다. 사탄은 하나님이 여러분 영혼에 하신 일을 없앨 수 없으니까, 그것을 망가뜨리려고 더 더욱 애씁니다. 물줄기를 막을 수 없으니까, 물길을 딴 데로 돌리려고 애씁니다. 하나님이 쏘신 화살을 물릴 수 없으니까, 빗나가게 하고 무력하게 하려고 애씁니다. 사탄은 여러분이 은혜의 방편을 좋아하는 줄 알고, 그래서 그것을 버리라고 유혹해 봤자 소용없는 줄 압니다. 그러니까 여러분이 은혜의 방편을 좋아하게 만듭니다. 네, 더욱더 좋아하게 부추깁니다. 광명의 천사가 되어서 하나님 집 꾸미는 일을 옆에서 거들고, 하나님 집을 섬기는 데 푹 빠져들게 만듭니다. 정신없이 이 교회 저 교회 왔다 갔다 하게 하고, 기도모임에 갔다가 설교를 들으러 가게 하고, 설교를 듣다가 성찬에 참여하게 합니다. 사탄이 이 모든 일을 하는 까닭이 무엇입니까? 다만 이것을 여러분의 거룩함의 전부로 만들려는 속셈입니다. 겉으로 무엇을 지키는 것을 여러분 신앙의 전부가 되게 하고, 껍데기를 지키려고 애태우다가 알맹이는 쏙 빼먹게 하려는 속셈입니다.

여러분 중에 하나님이 그 마음을 놀랍게 바꾸셔서 은혜의 방편을 싫어하다가 좋아하게 해 주신 분 계십니까? 그렇다면 경건한 질투심으로 여러분의 마음을 경계하십시오(고후 11:2, KJV). 은혜의 방편을 좇느라 너무 바쁘고 골똘한 나머지 거룩함을 좇는 데서 떠난 것은 아닌지 지금 서서 확인해 보십시오. 거룩함이 없으면 은혜의 방편은 "소리 나는 구리와 울리는 꽹과리"(고전 13:1)에 지나지 않습니다. 여러분에게 전할 하나님이 보내신 소식이 있습니다. "무릇 표면적 유대인이 유대인이 아니요 표면적 육신의 할례가 할례가 아니니라 오직 이면적 유대인이 유대인이며 할례는 마음에 할지니 영에 있고 율법 조문에 있지 아니한 것이라 그 칭찬이 사람에게서가 아니요 다만 하나님에게서니라." 겉모습만 그리스도인이 그리스도인이 아닙니다. 몸뚱이만 씻는 세례가 세례가 아닙니다. 속이 그리스도인이 그리스도인이고, 마음의 세례, 곧 "육과 영의 온갖 더러운 것"(고후 7:1)에서 마음을 씻는 세례가 참된 세례입니다. 그 칭찬은 사람에게서가 아니요 다만 하나님에게서입니다.

잊지 마십시오. 은혜의 방편은 말 그대로 은혜에 이르는 방편입니다. 부두에 이르는 징검다리입니다. 여러분의 영혼은 은혜의 방편에 참여하면서 이것으로 충분하다고 말합니까? 여러분, 더 높은 데 이르기를 바라지 않을 만큼 이 방편을 즐기는 데 만족하십니까? 그렇다면 이 말씀을 마음에 새기십시오. "이것은 너희가 쉴 곳이 아니니"(미 2:10).

들르는 숙소마다 자기 집으로 여기고 마음 편히 쉬는 나그네를 여러분은 어리석다 하지 않겠습니까? 내일 있을 고된 여정을 준비하기는커녕 벌써 집에 온 것처럼 편안히 즐기려고만 하는 나그네를 어리석다 하지 않겠습니까? 이런 어리석은 나그네가 되지 않도록 조심하십시오. 하나님은 은혜의 방편을 숙소와 휴게소로 만드셨을 뿐입니다. 그래서 시온으로 가는 나그네가 선을 행하다 낙심하고 믿음이 약해질 때(갈 6:9), 가서 하룻밤 묵으며 떡과 포도주로 새 힘을 얻고 활기를 되찾아 독수리 날개를 타고 날아가듯이 집으로 힘차게 나아가게 해 주신 것입니다.

그렇다면 겉모습만 유대인이 유대인이 아니라는 복된 말씀이 밑받침하는 이 한 가지 삶의 법칙을 늘 가슴에 품고 다니십시오. 곧, 우리의 겉 신앙이 우리의 속 신앙을 돕고 있다면, 주일에 그리스도에 대한 설교를 듣는 것이 한 주 내내 그리스도를 더욱 닮게 한다면, 하나님 집에서 들이마시는 은혜와 기쁨의 말씀이 우리 마음을 더 사랑하게 하고 우리 손을 더 수고하게 한다면, 은혜의 방편을 바르게 쓰고 있는 것이고, 또 그렇게 쓸 때에만 바르게 쓰는 것입니다.

여러분 중에 헤롯처럼 전해진 복음을 기쁘게 듣고도 헤롯처럼 죄 가운데 사는 영혼보다 세상에서 더 비참하게 속는 영혼은 없습니다. 여러분은 안식일을 좋아하고, 하나님의 집을 좋아합니다. 아무 값없으시고 온전히 충만하신 그리스도에 대해 듣기를 좋아합니다. 네, 오직 그리스도만이 주제라면 여러분은 언제까지라도 들을 수 있다고 생각합니다. 여러분은 주님의 식탁에 앉아 주님의 죽으심을 기념하기 좋아합니다. 그런데 이것이 다입니까? 여러분의 거룩함은 이것뿐입니까? 여러분의 신앙은 여기서 끝입니까? 예수를 믿는 믿음이 여러분에게 한 일이 이것밖에 없습니까? 잊지 마십시오. 그리스도께서 정하여 주신 이 방편들은 즐거움의 방편이 아니라 은혜의 방편이라는 것을. 성경은 눈물 골짜기를 지나가는 사람들이 위에서 내리는 비로 가득 찰 우물을 판다고 했을 뿐 아니라, 이들이 힘을 얻고 더 얻어 나아간다고도 했습니다(시 84:6-7, KJV). 친구 여러분, 그렇다면 일어나십시오. 더는 교회만 왔다 갔다 하는 신자, 일요일만 신자라는 소리를 듣지 맙시다. 다만 사랑과 소망으로 기쁘고 힘차게 광야를 지나갈 수 있도록, 이 우물에서 기쁨으로 물을 기릅시다. 그래서 우리 자신도 복을 받고,

우리 곁에 있는 모든 사람이 복을 받게 합시다. 여러분 중에 그 신앙이 은혜의 방편 이상으로 나아가지 못하는 듯한 사람들에게 우리가 이렇게 말한다면, 그 삶에서 은혜의 방편의 쓰임과 목적 자체를 거스르는 사람들에게는 우리가 뭐라고 하겠습니까? 여러분이 세상과 허영과 탐심과 교만과 사치를 좋아할 수 있습니까? 늘 찬송하고 기도해야 할 그 입술로 간사하고 악독하고 시기하고 비난하는 말을 할 수 있습니까? 깨어나십시오. 우리는 사탄의 속셈을 모르는 것이 아닙니다(고후 2:11, 새번역). 사탄은 여러분에게 광명의 천사로 나타났습니다. 이 말씀을 마음에 새기십시오. "누구든지 스스로 경건하다 생각하며 자기 혀를 재갈 물리지 아니하고 자기 마음을 속이면 이 사람의 경건은 헛것이라 하나님 아버지 앞에서 정결하고 더러움이 없는 경건은 곧 고아와 과부를 그 환난 중에 돌보고 또 자기를 지켜 세속에 물들지 아니하는 그것이니라"(약 1:26-27). "무릇 표면적 유대인이 유대인이 아니요 표면적 육신의 할례가 할례가 아니니라 오직 이면적 유대인이 유대인이며 할례는 마음에 할지니 영에 있고 율법 조문에 있지 아니한 것이라 그 칭찬이 사람에게서가 아니요 다만 하나님에게서니라."

믿음으로 의롭다 하심을
받은 사람이 누리는 세 가지 특권

4. 믿음으로 의롭다 하심을 받은 사람이 누리는 세 가지 특권[8]

그러므로 우리가 믿음으로 의롭다 하심을 받았으니 우리
주 예수 그리스도로 말미암아 하나님과 화평을 누리자 또
한 그로 말미암아 우리가 믿음으로 서 있는 이 은혜에 들
어감을 얻었으며 하나님의 영광을 바라고 즐거워하느니라
(롬 5:1-2).

이 장을 시작하면서 바울이 뜻하는 바는 분명합니다. 곧,
의롭다 하심을 받은 사람이 누리는 복된 특권들을 보여
주어서, 회심한 로마 사람들이 모든 교리 가운데 가장 보
배로운 교리, 곧 '전가된 의' 교리를 기뻐하게 하려는 것입

---

8 1836년 2월 28일에 두니페이스(Dunipace)에서, 1836년 3월 6일에 라버트(Larbert)
   에서, 1836년 8월 29일에 던디에 있는 성 베드로 교회에서 한 설교.

니다. 바울은 사람들의 감정을 북돋아 이 문제에 관심 갖게만 하면, '전가된 죄'와 '전가된 의'에 대한 논증을 훨씬 잘 이해할 수 있으리라는 것을 십분 잘 알았습니다. 바울은 은혜의 동굴을 탐사하기에 가장 좋은 등불은 사랑이라는 것을 알았고, 그래서 믿는 형제들을 북돋아 이들이 지금 받아 누리는 특권들을 생각하게 하고, "모든 지각에 뛰어난 평강"(빌 4:7)과 믿음으로 받은 "말할 수 없는……즐거움"(벧전 1:8)을 떠올려 주고 있습니다.

믿는 친구 여러분, 전가된 의 교리를 변호하는 가장 강력한 논거가 참으로 여러분 가슴속에 있습니다. 세상이 이 교리를 비웃고 이 교리가 거짓이라 말해도, 여러분은 이 교리가 참되다고 느낍니다. 오두막에 사는 숱한 신자가 이 세상의 똑똑한 논객들과 이 문제를 논할 능력이 없을지라도, 여전히 자신의 믿음 없음에 눈물 흘릴 수 있고, 자기 가슴에 손을 얹고 어떤 논증도 흔들 수 없는 능력으로 이렇게 말할 수 있습니다. '이 믿음이 가짜라면, 하나님과 누리는 이 화평은 어디서 온단 말인가? 하나님 앞에 나아가는 이 기쁨, 영광을 바라는 이 소망은 어디서 온단 말인가?'

믿는 친구 여러분, 그러면 이제 우리 마음을 북돋아 예수로 말미암은 복된 구원의 길을 더욱 귀히 여기도록, 의롭다 하심을 받은 사람이 누리는 복을 오늘 본문에서 말하는 순서대로 하나씩 살펴봅시다.

1. 의롭다 하심을 받은 사람이 누리는 첫 번째 유익은 하나님과 화평을 누리는 것입니다.

"악인에게는 평강[9]이 없다"(사 48:22)는 것이 성경 전체가 선포하는 진리입니다. 그러나 동시에 주의와 설명이 필요한 진리입니다.

1) 악한 사람들은 이 땅에서 자주 큰 평안과 번영을 누립니다. 이 사실은 우리 두 눈으로 똑똑히 볼 수 있을 뿐 아니라, 성경에도 뚜렷이 나타납니다. "내가 악인의 큰 세력을 본즉 그 본래의 땅에 서 있는 나무 잎이 무성함과 같으나"(시 37:35). "사람들이 당하는 고난이 그들에게는 없고 사람들이 당하는 재앙도 그들에게는 없나니……살찜으로 그들의 눈이 솟아나며 그들의 소득은 마음의 소원보다 많으며……악인들이라도 항상 평안하고 재물은 더욱 불어나도

---

9 영어로는 'peace'로 '화평'과 같은 말이다. 이 설교에서 나오는 화평, 평강, 평안, 평화는 다 peace를 옮긴 말이다.

다"(시 73:5, 7, 12).

2) 악한 사람들은 마음의 큰 평안도 자주 누립니다. 이들은 양심과 아무런 갈등 없이 아주 고요하게 살기 일쑤입니다. 그래서 저는 감각이 너무 무디어진 나머지 잠이 번쩍 깨는 설교를 수년간 듣고도 양심에 폭풍 한 번 인 적 없는 사람들이 있다고 믿습니다. 참으로 많은 사람이 자기네를 깨우려고 한 바로 그 설교를 듣고 도리어 마음 편히 죽음에 이르는 잠을 자는 듯 보입니다. 오랜 습관으로 설교자의 목소리를 늘 듣던 잔소리로밖에 듣지 않고, 젖은 부표와 같이 폭풍에 일렁이는 물결을 요람 삼아 더 깊은 잠에 빠져듭니다.

3) 악한 사람들은 죽을 때에도 평안히 죽기 일쑤입니다(저는 제가 흔히 있는 일을 이야기한다고 생각합니다). 성경은 이들이 죽을 때에도 고통이 없고 그 힘이 강건하다고 말합니다(시 73:4). 이 점에서 떨쳐 버리는 것이 좋을 널리 퍼진 오해가 있습니다. 사람들은 흔히 악하고 경건하지 않게 살면, 죽을 때에 큰 공포와 고통을 맛보리라고 생각합니다. 그러나 경험 많은 목사들의 증언은 한결같습니다. 곧, 악인들은 고통 없이 죽고, 개가 죽듯이 죽고, 지옥이 기다리

고 있는 줄도 모른 채 속이기도 하고 속기도 하면서 조용히 떠난다는 것입니다(딤후 3:13). 물론 잘 알려진 정반대 사례도 있습니다. 하나님은 지혜로우신 목적 때문에 죽어 가는 죄인에게 지옥을 미리 맛보여 주기도 하십니다. 여러분 중에 말할 수 없는 절망으로 일그러진 얼굴을 보신 분이 계실지 모르겠습니다. 견딜 수 없는 고통으로 울부짖는 소리를 들어 보신 분이 계실지 모르겠습니다. 이것은 이 세상에서 다가올 운명을 알게 된 영혼에게 나타나는 증상입니다. 하지만 보통은 그렇지 않습니다. 이들이 일평생 싸맨 불신의 껍데기는 악어가죽처럼 너무 단단하고 딱딱해서 성령의 검으로도 뚫지 못합니다. 성령님은 아마 그만 애쓰셨을 것이고, 이들을 그냥 내버려 두셨을 것입니다.

그렇다면 이 세 가지 면에서 악인에게도 화평 같은 것이 있습니다. 그러나 유의할 점 하나는, 이것이 하나님과 누리는 화평도 하나님을 향한 화평도 아니라는 것입니다. 이 것은 도리어 하나님 없는 화평입니다. 악인이 누리는 거짓 화평의 본질은 이들의 생각 속 어디에도 하나님이 안 계시다는 데 있습니다. 회심하지 않고도 지금 아무 걱정 없이 아주 평화롭게 사는 사람이, 자기를 상관하시고(히 4:13, 개역한글), 한없이 의로우시고, 질투하시는 하나님, "소멸하는 불"(신 4:24)과 마주치기만 해도, 그 평강이 시든 잎처럼 말라비틀어지고, 얼굴빛이 달라지고, 다리가 후들거리고, 입맛이 뚝 떨어지고, 잠이 확 달아납니다. 그때 이 사람은 이 말씀을 깨달을 것입니다. "악인은 평온함을 얻지 못하…는 요동하는 바다와 같으니라 내 하나님의 말씀에 악인에게는 평강이 없다 하셨느니라"(사 57:20-21). 친구들의 근심 어린 눈길을 한 몸에 받으며 조용히 죽어가는 사람이, 자기가 마음을 살피시는 하나님 앞으로 뛰어들고 있다는 사실을 깨닫기만 해도, 뱀을 보고 움찔하듯 움찔할 것입니다. 이 사람은 이토록 거룩하신 하나님 앞으로 간다는 사실 자체가 지옥 같을 것입니다. 몸이 아픈 것도, 나아야겠다는 생각도 마음이 괴로워 까맣게 잊고, 거룩하지 않은 친구들을 내쫓으면서 '너희는 나를 위로한답시고 하나같이 나를 괴롭히는구나(욥 16:2, 새번역). 너희 중에 누가 마음의 병을 고칠 수 있느냐? 너희 중에 누가 내 영혼을 속량할 수 있느냐?'고 말할 것입니다.

그때 이 말씀이 이루어집니다. "우리가 믿음으로 의롭다 하심을 받아 우리 주 예수 그리스도로 말미암아 하나님과 화평을 누리는도다"(KJV 직역). 아, 믿는 친구 여러분, 이것을 체험하셨습니까? 깊은 근심 가운데서 "모든 지각에 뛰어난 하나님의 평강"(빌 4:7)으로 옮아가는 이 체험을 해 보셨습니까? 여러분의 마음은 평온함이 없는 요동하는 바다와 같았습니다(사 57:20). 그런데 이제 예수님이 "잠잠하라 고요하라"(막 4:39) 하신 잔잔한 갈릴리 바다 같지 않습니까? 여러분의 마음은 앗수르가 양 우리를 공격하는 늑대처럼 공격할 때 그 군대에 에워싸인 예루살렘과 같았습니다. 그런데 이제 그 원수들이 주님의 불꽃같은 눈빛으로 눈 녹듯 녹을 때 건짐을 받은 예루살렘과 같습니다.[10]

이 한 가지 처방을 따르십시오. '예수님 말고는 아무 데서도 평안을 찾지 마시오.' 여러분이 처음 평안을 얻을 때, 여러분 안을 들여다보고 얻은 것이 아니라 여러분 밖을 내다보고 얻었습니다. 여러분 안을 낱낱이 살펴보고 얻은 것이 아니라, 온전하고 값없고 준비된 구주 그리스도를 내다보고 얻었습니다. 이것이 처음에 여러분에게 평안을 주었습니다. 이것이 끝까지 여러분에게 평안을 주게 하십시오. 여러분의 평안을 여러분 자신이나 여러분의 느낌에 둔다

---

10 바이런George Gordon Lord Byron의 시, "산헤립의 멸망"의 첫 행과 마지막 행 인용.

면, 4월 하늘의 모습처럼 변덕스러울 것입니다. 하지만 여러분의 평안과 안식을 오직 그리스도에게 둔다면, 반석 위에 둔 것과 같습니다. 그리스도는 어제나 오늘이나 영원토록 동일하시기 때문입니다(히 13:8).

아, 하나님이 우리 영혼을 너무 늦지 않게 깨우셔서 우리가 아주 망할 처지에 놓인 것을 알려 주시고, 우리 죄를 태양의 흑점처럼 그 얼굴의 빛으로 비추셔서, 우리 스스로는 정죄 받을 수밖에 없고, 의롭다 하심을 받을 만한 아무 일도 할 수 없음을 일깨워 주시는 것은 복된 일입니다.

그리고 훨씬 더 복된 일은, 같은 전능하신 성령께서 우리 영혼을 따로 데리고 나와서 절망에 빠진 우리 영혼에 예수님을 계시해 주시는 것입니다. 성령님은 그리스도께서 자신을 위해서가 아니라 죄인들을 위해서, 죄인들을 대신해서 어떻게 모든 일을 이루셨고, 어떻게 율법 전체를 온전히 지키셨는지 보여 주시고, 또 자신을 위해서가 아니라 죄인들을 위해서, 죄인들을 대신해서 어떻게 모든 고난을 받으셨는지, 곧 창과 못 자국이 난 임마누엘의 상처를 보여 주십니다. 이 말씀이 귓가에 나지막이 울립니다. "주 예수를 믿으라"(행 16:31). 우리 영혼은 믿고 평안을 누립니다. 그리고 이 말씀에 숨어 "나의 주님이시요 나의 하나님이시니이다"(요 20:28) 하고 외칩니다.

2. 의롭다 하심을 받은 사람이 누리는 두 번째 유익은 은혜의 자리에 들어가 서 있는 것입니다.

의롭다 하심을 받지 못한 영혼은 하나님이 계신 은혜의 자리에 들어가지 못합니다. 지존자의 은밀한 곳에 거하지 못합니다(시 91:1).

1) 각성하지 못한 영혼은 은혜의 자리에 들어가기를 구하거나 바라지 않습니다. 혹 기도를 한다 해도, 형식으로 할 뿐입니다. 마음은 하나님과 멀찌감치 떨어져 입술로만 기도합니다. 그렇지 않으면 알지 못하는 신에게 기도합니다. 또 찬송을 하더라도, 마음으로 노래하지 않고 목소리로만 노래합니다.

2) 각성한 영혼은 은혜의 자리에 들어가기를 간절히 바라지만, 들어갈 수도 없고, 들어갈 엄두도 못 냅니다. 자기가 죄로 얼룩진 것은 느끼지만, 임마누엘의 옆구리에 열린 값없는 샘을 몰라 씻으러 가지 않고, 죄책감 때문에 가까이 가지도 못합니다. 지성소가 막혔다고 느끼고, 휘장이

위에서부터 아래까지 찢어진 것을 몰라 찢어진 휘장, 곧 그리스도의 육체를 지나 그 보호 자체가 복인 복된 자 앞으로 감히 들어가지 못합니다(히 10:20).

3) 하지만 믿는 영혼은 이 샘이 아무 값이 없고, 아버지께 가는 길이 활짝 열렸다는 것을 알고, 모든 일에서 피 뿌림과 의롭다 하심을 받아 지성소로 담대히 들어갑니다. 하나님이 계신 은혜의 자리로 즐거이 나아갑니다.

그리고 거기에 서 있습니다.

① 믿는 영혼은 먼저 들어감을 얻습니다. 말하자면 하나님이 세상과는 사뭇 다른 방식으로 자기 백성에게 나타나시는 알현실로 안내를 받습니다. 벌거벗은 영혼은 구속자의 영화로 옷을 입고(겔 16:14), 성령의 인도하심을 받아 하나님이 계신 거룩한 곳으로 들어갑니다. 성경은 우리가 한 성령 안에서 아버지께 나아감을 얻었다고 말합니다(엡 2:18).

② 믿는 영혼은 거기에 서 있습니다. 엎어지거나 까무러치지 않고, 똑바로 서 있습니다. 지금 마음을 살피시는 하나님, 곧 자기 천사라도 미련하다 하시고, 하늘이라도 부

정하게 보시고, 하늘과 땅이 어느 날 그 노하신 얼굴을 피하여 온데간데없이 사라지는(욥 4:18; 15:15; 계 20:11) 하나님을 뵙고 있지만, 거기에 서 있습니다. 하나님이 자기 의로 옷 입히시고 그 사랑하시는 자 안에서 용서하시고 받아 주셨기 때문입니다(엡 1:6, KJV). 믿는 영혼은 전능자의 그늘 아래 삽니다(시 91:1). 그가 바라는 한 가지, 그가 구하는 단 한 가지 일은, 평생에 여호와의 집에 살면서 여호와의 아름다움을 바라보며 여호와의 성전에서 사모하는 것입니다(시 27:4).

아, 믿는 친구 여러분, 이것을 체험하셨습니까? 그런데 왜 이 특권을 잇달아 쓰지 않으십니까? 아, 여러분의 영혼도 롯의 영혼처럼 무법한 사람들의 음란한 행실에 시달려서, 비둘기같이 날개를 달고 날아가 편히 쉬고 싶었던 적이 많지 않습니까(벧후 2:7; 시 55:6)? 거룩한 천사처럼 흠 없이 날개를 달고, 너도나도 금 부스러기와 허영과 쾌락을 찾느라 정신없는 이 차가운 대기를 벗어나 이 하늘 너머 하나님이 계신 곳, 친절과 순결과 사랑뿐인 그곳에서 숨 쉬고 싶은 적 없으셨습니까? 여기를 보십시오. 여러분의 소원이 넉넉히 만족됩니다. 여러분은 그리스도의 의로 천사들 것보다 더 고귀한 하늘의 날개옷을 입습니다. 예수님 덕분에 이 하늘을 벗어나는 길이 열렸고, 여러분은 믿음의 찬송과 기도로 날개를 펴고 종다리처럼 마음껏 날아다니며, 하나님 앞에 있는 천사들처럼 하나님 얼굴에서 비치는 은혜로운 햇살 아래 거할 수 있습니다.

몇 세기 전에 어떤 사람이 복음서를 낭독하는 소리를 듣더니 이렇게 말했습니다. '이것이 복음이 아니든지, 우리가 그리스도인이 아니든지 둘 중 하나다.' 이 사람이 이 시대에 살았다면, 우리 대부분을 두고 이렇게 말하지 않았을까 두렵습니다. '하나님께 나아가는 것이 믿는 사람의 특권이 아니든지, 당신네가 믿는 사람이 아니든지 둘 중 하나다.' 아, 우리 중에 하나님께 일평생 한결같이 나아가는 사람이 얼마나 적습니까! 하나님과 교제한 사람들처럼 늘 빛이 나는 듯한 사람이 얼마나 적습니까! 에녹은 하나님과 동행했습니다(창 5:24). 아, 지금 에녹과 같은 사람이 얼마나 적습니까! 그런데 우리는 에녹보다 더 큰 빛과 더 큰 권면을 받았습니다.

믿지 않는 친구 여러분, 여러분이 무엇을 잃고 있는지 생각해 보십시오. 하나님의 은혜에 들어감을 잃고 있습니다. 여러분은 성막 밖에 있어 기도도, 찬송도 할 수 없습니다. 여러분이 이 세상에서 하나님께 들어가지 못한다면, 다음 세상에서 하나님과 교제하지 못할 것이 틀림없습니다. 물론 여러분은 지금 여러분이 잃은 것을 못 느낍니다. 하지만 소경으로 태어난 사람도 자기가 시력 잃은 것을 못 느낍니다. 노예로 태어난 사람도 자기가 자유 잃은 것을 못 느낍니다. 그렇다고 해도 소경은 소경이고, 노예는 노예입니다. 언젠가 여러분이 문을 두드리고 "저주 받은 자들아 나를 떠나……라"(마 25:41)는 서글픈 대답밖에 듣지 못할 때, 여러분이 잃은 것을 느낄 것입니다.

3. 의롭다 하심을 받은 사람이 누리는 세 번째 유익은 영광을 바라고 기뻐하는 것입니다.

성경은 똑똑히 말합니다. 그리스도 밖에 있는 사람은 세상에서 소망도 없고 하나님도 없다고(엡 2:12). 그렇지만 이 진리도 주의와 설명이 필요합니다. 사람은 소망의 피조물이고, 악한 사람이라도 보통 오늘을 즐기며 살기보다는 내일을 소망하며 살아갑니다. 여러분은 농부의 평안이 얼마나 소망에 달려 있는지 압니다. 밭에 씨를 뿌릴 때는 풍성히 거두기를 바라고, 날씨 탓에 곡식이 다 말라비틀어지게 생겨도 곡식이 잘 자라기를 바라고, 행여나 농사를 망치더라도 이듬해에는 손실을 메우기를 바랍니다. 여러분은 무역상의 평안이 얼마나 소망에 달려 있는지 압니다. 그 재산이 언제 배신할지 모르는 바다에 다 둥둥 떠 있어도 배가 폭풍을 피하기를 바라고, 배를 하나 잃더라도 다른 배로 만회하기를 바랍니다. 여러분은 시골 사람이 얼마나 소망을 품고 살아가는지 압니다. 어머니는 갓난아이를 품에 꼭 끌어안고, 말년에도 이 사내아이가 살아서 자신의 버팀목이 되어 주기를 바랍니다. 아버지는 식탁에 둘러앉은 어린 감람나무들을 바라보며 이 아이들이 언젠가 화살통에 가득한 화살이 되어서 성문에서 원수와 담판할 때에 수치를 당하지 않기를 바랍니다(시 128:3; 127:5). 혹 가장 아끼는 자식이 세상을 떠날지라도, 남은 자식이 그 빈자리를 채우며 살기를 바랍니다.

이 모든 일에서 악인들도 소망을 품고, 보통 의인들보다 훨씬 더 의욕이 넘칩니다. 그런데 잘 보십시오. 이것은 다 땅의 것에 대한 소망입니다. 그 대상이 죄다 이 땅에 있고, 이 하늘을 벗어나지 못합니다. 이것은 무엇을 얻고, 부자가 되고, 이 세상에서 아무 근심 걱정 없이 누리고 즐기려는 소망입니다. 사람의 영광을 바라지만, 하나님의 영광은 바라지 않습니다. 물론 악인들이 자주 경건한 소망을 품는다는 것도 사실입니다. '하나님이 마침내 나를 용서하실 거야', '하나님이 말씀하신 것보다 더 잘해 주실 거야', '하나님이 어떻게든지 나를 용서하시고 구원하실 거야' 하는 소망을 품지 못할 만큼 자신의 처지를 비관하는 사람은 드물 것입니다. 이것이 바로 성경에서 "위선자의 사라질 소망"(욥 8:13, KJV 직역)이라고 하는 것입니다. 그런데 잘 보십시오. 악인은 결코 영광을 소망하며 기뻐하지 않습니다. 그래서 거짓 소망에 사로잡히는 것입니다. 그러나 의롭다 하심을 받은 사람이 품은 영광에 대한 소망은 연이은 즐거운 잔치와 같습니다. 그래서 세상이 아무리 눈부셔도 자기 영혼에 이렇게 속삭입니다. "세상을 떠나서 그리스도와 함께 있는 것이 훨씬 더 좋은 일이라"(빌 1:23). 거대한 모래사막을 지날 때 사람들은 어찌할 바를 모릅니다. 사람들은 자기네 가슴속에 있는 모든 욕구를 반영하는 맑고 큰 호수를 저 멀리서 보고 자주 반가워한다고 합니다. 그리고 목을 축이러 다가가는데, 신기루는 온데간데없이 사라집니다. 보이는 것은 모래벌판뿐이고, 사람들은 목이 탄 채로 처량히 남겨집니다. 악인의 소망이 이와 같습니다. 그러나 영광에 대한 소망은 의롭다 하심을 받은 사람에게 한적한 동산에서 끝없이 솟아나는 시원한 샘물과 같습니다. 이 사람은 이따금 정신없고 시끄러운 세상에서 벗어나, 거룩한 개울가에 앉아서 영생의 샘에 대한 자신의 값없고 온전한 권리를 거룩히 묵상하며 다가올 복을 새로이 맛봅니다.

아, 믿는 친구 여러분, 이제껏 해 왔던 것보다 이 세상을 훨씬 더 자주 벗어나 하나님의 영광을 바라는 소망의 샘물을 맛봅시다. 그러면 우리는 보잘것없는 이 세상 소유를 훨씬 더 거룩하게 업신여기며 살 것입니다. 영생의 소망으로 가득한 사람에게 은과 금이 무엇이며, 사람의 칭찬이 무엇이며, 먹을 것과 입을 것이 무엇입니까?

그리고 믿지 않는 친구 여러분, 여러분이 이 땅의 것을 꼭 끌어안는 것은 당연한 일입니다. 이것이 여러분의 전부이기 때문입니다. 지금 먹고 마시고, 웃고 떠드는 것도 당연합니다. 여러분은 내일이면 죽을 테니까요(고전 15:32). 여러분이 구주를 거절하기로 마음먹었다면, 지금 이 시간을 즐길 수 있을 만큼 즐기는 것은 지극히 당연한 일입니다. 성경이 참되다면, 여러분이 볼 천국은 이것밖에 없고, 지옥에는 이런 것들이 아예 없을 것이기 때문입니다.

이제 의롭다 하심을 받는 사람이 누리는 이 세 가지 특권을 간추리면서, 여러분 양심에 새기고 싶은 것 하나만 말씀드리겠습니다. 곧, 이것이 멀리 있는 특권이 아니라, 눈앞에 있는 특권이라는 사실입니다. 성경은 여러분이 복음을 믿고 오랫동안 거룩하게 살면, 하나님과 화평을 누리고, 은혜에 들어감을 얻고, 영광을 바라게 되리라고 말하지 않습니다. 그렇게 믿는 사람이 아무리 많다 해도 말입니다. 도리어 오늘 예수님을 영접하면, 오늘 예수님만 아니라 이 선물도 함께 받을 것이라고 말합니다. 칭의는 성화보다 먼저 와야 합니다. '아니, 저는 늘 죄인이었고 아직 저 자신을 거룩하게 하지도 않았는데, 오늘 저에게 그리스도와 용서와 은혜에 들어감과 영광의 소망이 제안된다고요?' 네, 죄인 여러분. 이 모든 것이 오늘 여러분에게 제안됩니다. 여러분이 이것을 받아들여야만 거룩해질 수 있기 때문입니다. 아, 친구 여러분, 여러분은 예수님의 복음이 값없음을 얼마나 잘 모르십니까? 예수님의 금과 옷과 안약이 가난하고 헐벗고 눈먼 사람들에게 모두 값없이 제안됩니다. 여러분 중에 이 사실을 믿기 힘든 사람이 많겠지만, 관찰력 있는 목사들의 한결같은 증언은 지옥을 미리 맛보며 괴로워하던 영혼이 하루아침에 하나님의 자녀가 되어 하나님과 화평을 누리고, 은혜에 들어감을 얻고, 영광을 바라더라는 것입니다.

4. 도입부

아가서에서 신부는 예수님을 수풀 가운데 있는 사과나무에 빗대며, 자기가 그 그늘에 앉아서 심히 기뻐했고 그 열매가 자기 입에 달았다고 하면서(아 2:3), 예수님을 믿음으로 누리는 혜택이 얼마나 달콤하고 즐거운지 우리 눈앞에 보여 줍니다. 말할 것도 없이 바울이 오늘 본문에서 하려는 일이 바로 이것입니다. 다만 비유 없이 똑똑히 말할 뿐입니다. 바울은 이렇게 할 때 사람들이 전가된 의에 대한 논증을 이해할 줄 알았습니다.

5

성령님의 마음속 역사

5. 성령님의 마음속 역사[11]

> 소망이 우리를 부끄럽게 하지 아니함은 우리에게 주신 성
> 령으로 말미암아 하나님의 사랑이 우리 마음에 부은 바 됨
> 이니(롬 5:5).

지난번 강의 때 우리는 성경이 두 가지 소망을 말한다는
것을 보았습니다. 먼저, 믿음에서 오는 소망이 있습니다.
이것은 우리가 참되게 믿는 그 순간 우리 마음속에서 일어
나는 소망입니다. 또 체험에서 오는 소망이 있습니다. 이
것은 성경을 토대로 우리 마음과 삶에서 우리가 참 신자라
는 만족할 만한 증거를 찾을 때 우리 마음속에서 일어나는

---

11 1836년 4월 10일에 두니페이스에서, 1836년 4월 17일에 라버트에서, 1836년 12월
    18일에 던디에 있는 성 베드로 교회에서 한 설교.

소망입니다.

첫 번째 소망은 그 보기를 회심한 빌립보 감옥 간수에게서 보았습니다. 이 간수는 칼을 빼어 자결하려던 바로 그 날 밤 믿고 기뻐했습니다. 두 번째 소망은 요한에게서 그 보기를 보았습니다. "우리는 형제를 사랑함으로 사망에서 옮겨 생명으로 들어간 줄을 알거니와……우리가 그의 계명을 지키면 이로써 우리가 그를 아는 줄로 알 것이요"(요일 3:14; 2:3).

자, 오늘 본문은 이 두 번째 소망, 곧 체험에서 오는 소망을 두고 이렇게 말합니다. '이 소망은 부끄럽게 하지 않는 소망이다. 절대로 부러지지 않는 "영혼의 닻"(히 6:19)이고, 속이지 않는 소망이다.'

그리고 이 소망이 이토록 견고한 까닭을 말하는데, 하나님의 사랑, 곧 우리를 향한 하나님의 사랑이 우리에게 주신 성령으로 말미암아 우리 마음에 부은 바 되었기 때문이라고 말합니다. 그러니까 여기서 성령님이 하시는 어떤 특별한 일을 이야기하는데, 바로 '거룩하게 하심을 입은 신자의 소망을 튼튼하고 견고하게 하는 일'이라는 것입니다. 오늘 본문에서는 성령님의 이 일을 '하나님의 사랑이 우리 마음에 부은 바 된 것'이라고 하고, 또 다른 데서는 '구원의 날까지 우리 영혼에 인 치신 것'(엡 4:30), '우리 기업의 보증이 되시는 것'(엡 1:14), '성령님이 친히 우리의 영과 더불어 우리가 하나님의 자녀인 것을 증언하시는 것'(롬 8:16)이라고 말합니다. 이 네 말씀이 다 성령님의 이 한 가지 복된 사역을 가리킵니다. 그렇지만 성령님은 처음부터 우리 마음속의 큰 일꾼이시기 때문에, 헷갈리지 않기 위해서 성령님이 사람 영혼에 하시는 일을 하나씩 다 살펴보는 것이 좋겠습니다.

1. 성령님이 마음속에서 하시는 첫 번째 일은 죄를 깨우쳐 주시는 일입니다.

여러분은 인류의 대다수가 어떻게 아무 걱정 없이 사는지 다들 살펴보셨을 것입니다. 사람들은 버젓이 죄를 짓고 살든지 겉으로는 점잖게 살든지, 하나같이 양심의 평안을 누립니다. 이들은 하나님이 없고, 그래서 세상에서 소망도 없습니다(엡 2:12). 그렇지만 성령님이 일을 시작하시는 날, 상황은 달라집니다. 성령님은 먼저 영혼에 하나님 율법의 넓이와 길이를 드러내시고, 죄인이 이 율법의 명령을 하나라도 어길 때 벌하지 않으시면 하나님이 하나님이시기를 그만두셔야 한다는 것을 보여 주십니다. 또 영혼에 그가 그토록 오랫동안 업신여긴 복음의 말씀을 드러내시고, 그가 그토록 자주 뿌리친 예수님의 뻗은 손을 가리켜 보이십니다. 그러면서 무서울 만큼 상냥한 목소리로 '불쌍한 죄인아, 너는 먼저 하나님의 율법을 어겨서 하나님의 거룩하심을 짓밟았고, 하나님의 복음을 뿌리쳐서 하나님의 자비하심을 짓밟았다. 율법을 어긴 저주와 복음을 뿌리친 저주가 다 네 머리 위에 둥지를 틀었다. 그런데도 아직 친구들이랑 즐거워하느냐? 평화가 없는데 평화롭다 평화롭다 외치느냐?' 하고 말씀하십니다. 아, 친구 여러분, 우리 같이 비천한 벌레가 같은 처지에 있는 죄인의 마음에 이 말을 하는 것이 아니라 하나님의 성령께서 이 말씀을 하실 때, 각성의 일은 진정으로 시작됩니다. 양심은 평화롭기는커녕, 이제 전쟁터나 다름없습니다. 일할 때도, 밥 먹을 때도 평안이 없고, 잠을 자도 안식이 없습니다. 그러다가 심지어 꿈에서까지 살아 계신 하나님 손에 빠져 들어가는 것을 느낍니다(히 10:31). 그렇게 좋아하던 시시덕거리는 패거리에서 혼자 빠져나오지만, 혼자 있기가 두렵습니다. 하나님께 크게 부르짖고 싶지만, 기도할 자격이 없다고 느낍니다. 그러면서 다윗이 한 말을 몇 번이고 되뇝니다. "사망의 줄이 나를 두르고 스올의 고통이 내게 이르므로 내가 환난과 슬픔을 만났……도다"(시 116:3).

아, 친구 여러분, 여러분이 어느 정도로든 이와 같은 각성을 한 번도 경험해 본 적이 없다면, 성령님께서 여러분 영혼에 구원의 일을 시작조차 하지 않으신 것입니다. 네. 여러분은 아무런 일깨움도 각성도 받지 못한 채로 살고 있고, 앞으로 몇 년 간 이대로 쭉 살아갈 것입니다. 아니, 이대로 죽음이라는 끔찍한 현장을 지날 가능성이 큽니다. 하지만 있을 수 없는 일을 하나 말씀드리겠습니다. 곧, 각성하지 못한 채로는 다음 세상에 들어갈 수 없다는 것입니다. 여러분은 그때 죄를 깨닫겠지만, 하나님의 성령께서 깨우쳐 주시는 것이 아니라, 지옥의 뜨거운 입김으로 깨닫게 될 것입니다. 마음 편한 죄인 여러분, 시온의 죄인들이 두려워하며 경건하지 않은 자들이 떠는 그 끔찍한 시간에 여러분에게 임할 심령의 고통을 누가 말할 수 있겠습니까 (사 33:14)?

2. 성령님이 마음속에서 하시는 두 번째 일은 의를 깨우쳐 주시는 일입니다.

어떤 사람이 심각하고 위독한 병에 걸려 실제로 죽음의 공포에 사로잡힐 때, 의사의 지시를 얼마나 열심히 따르고, 다른 때 같으면 질색했을 약도 얼마나 잘 삼키는지, 보면 참 신기합니다. 마찬가지로 자기 영혼이 위독한 병에 걸려 자기 상태가 아주 위태위태하다는 것을 실제로 깨닫게 된 사람도 자기 영혼을 고칠 수 있는 것은 무엇이든 열렬히, 기꺼이 받아들입니다. 여기에 참으로 커다란 위험이 따릅니다. 아픈 사람이 때때로 돌팔이 의사의 권고를 듣고 몸에 해로운 것을 먹듯이, 아픈 영혼도 맨 먼저 손 내미는 치료책을 쉽게 받아들입니다.

아, "내가 어떻게 하여야 구원을 받으리이까?"(행 16:30) 하고 소리치는 상한 영혼을 맞으려고 열린 거짓 피난처가 얼마나 많습니까? 다친 사슴이 가장 가까운 은신처로 잽싸게 몸을 피하듯이, 각성한 영혼도 아무 데서나 평안을 찾습니다. 성령님이 예수님을 계시해 주신 영혼, 폭풍을 피하는 참된 피신처요(사 4:6, 새번역), 진노를 피하는 유일한 은신처며, 이 곤비한 땅에 지속되는 그늘을 주시는 유일한 바위로(사 32:2), 또 온전하고 알맞고 값없는 의로 계시해 주신 영혼은 복됩니다! 여러분은 장차 올 진노를 두려워합니다. 죄로 얼룩진 여러분의 양심을 보고 슬퍼합니다. 여기를 보십시오. 피로 가득한 샘이 있습니다. 죄와 더러움을 씻으려고 열려 있습니다(슥 13:1). 영혼은 믿고 평안을 누립니다. 믿음으로 의롭다 하심을 받고 하나님과 화평을 누립니다.

아, 친구 여러분, 죽음에서 생명으로, 어두운 데서 기이한 빛으로(벧전 2:9), 지옥 같은 마음의 고통에서 천국의 기쁜 소망으로 바뀌는 이러한 변화를 겪어 본 적 없으십니까? 안타깝게도 없다면, 여러분은 성령님이 구원하시는 일을 모르는 사람입니다. 아, 예수님을 "세상 죄를 지고 가는 하나님의 어린양"(요 1:29)으로 밝히 드러내는 설교를 듣고도, 예수님을 진심으로 받아들인 아무 증표도 보여 주지 않는 교인들을 주일마다 보는 것은 참으로 슬픈 일입니다! 언젠가 회중 전체가 한 사람의 마음처럼 감동을 받아 못 박히신 예수님을 믿고, 예수님의 의를 기뻐한 적이 있습니다. 이날 교회에 삼천이나 되는 영혼이 더해졌습니다(행 2:41). 아, 우리는 이런 날을 언제나 볼까요? 우리도 이 사람들이 근심한 것처럼 근심하기 전까지는 절대로 못 볼 것입니다. 이 사람들은 마음에 찔려 "형제들아 우리가 어찌할꼬"(행 2:37) 하고 소리쳤습니다. 하나님의 성령께서 여러분 마음에 같은 정도의 근심을 불러일으키시고, 주께서 다시 한번 우리에게 영광을 비추사 모든 눈에 어린 이 잠을 깨울 날을 보내 주시기를 기뻐하실 때에만, 전해진 예수님이 여러분 눈에 귀하게 보이고, 많은 사람 가운데 뛰어나 보이고, 전체가 사랑스러워 보일 것입니다(아 5:10, 16).

아, 선지자의 명령이 얼마나 뜻깊습니까! "너희 묵은 땅을 갈고 가시덤불에 파종하지 말라"(렘 4:3). 여러분, 아득한 옛날부터 묵혀 놓은 땅을 쟁기로 갈아엎지도 않고, 가시덤불과 찔레나무 밭에 그대로 귀한 씨앗을 뿌리는 농부를 여러분은 어떻게 생각하시겠습니까? 그런데 여러분이 이생의 염려에 사로잡히고, 죄를 깨닫지 못하고, 구주를 찾도록 각성하지 못한 마음을 가지고 설교를 들으러 온다면, 이것이 바로 우리의 서글픈 일터입니다. 그렇다면 여러분의 묵은 땅을 갈아엎으십시오. 그래서 더는 가시덤불에 씨를 뿌리는 일이 없게 합시다.

3. 성령님이 마음속에서 하시는 세 번째 일은 거룩하게 하시는 일입니다.

어떤 사람이 믿음으로 의롭다 하심을 받는다면, 이것은 이 사람이 성령을 받았기 때문입니다. 참으로 성령님이 그 마음속에서 줄곧 일하고 계셨습니다. 가지가 참 포도나무에 접붙임 받을 때, 이 가지는 포도나무의 풍성한 수액을 받습니다. 전에는 "이방 포도나무의 악한 가지"(렘 2:21)였을지 모르지만, 이제는 참 포도나무의 가지가 되어 종류와 성격이 아예 달라졌습니다. 그래서 더는 들포도를 맺지 않고, 좋은 포도를 맺습니다(사 5:2). 성령님의 거룩하게 하시는 일과 관련해 몇 가지 눈여겨보시기를 바랍니다.

1) 이것은 모든 신자에게 확실합니다.

그리스도께서는 "나를 믿는 자는 성경에 이름과 같이 그 배에서 생수의 강이 흘러나오리라"(요 7:38) 말씀하십니다. 이것은 그리스도께서 잠언에서 죄인들에게 하나님께 나아오라고 권고하실 때 쓰신 논증 가운데 하나입니다. "내가 나의 영을 너희에게 부어 주……리라"(잠 1:23). 예수님을 믿었다고 생각하는데도 이 생수의 강, 이 성령의 은사를 받은 적이 없다고 생각하는 사람이 있다면, 그가 스스로

속고 있다는 것을 알려 줍시다. 누구든지 그리스도의 영이 없으면 그리스도의 사람이 아니기 때문입니다(롬 8:9).

2) 성령님은 믿는 사람 안에 눌러 사십니다.

"우리는 살아 계신 하나님의 성전이라 이와 같이 하나님께서 이르시되 내가 그들 가운데 거하며 두루 행하여 나는 그들의 하나님이 되고 그들은 나의 백성이 되리라"(고후 6:16). 성령님이 믿는 사람 안에 어느 한때만 거하신다면, 믿는 사람은 그 한때만 거룩할 테고, 잠깐 종교 감정만 타오르다 마는 가장 나쁜 속물 같을 것입니다. 그러나 믿는 사람은 쉴 때나 길가를 걸을 때나 하나님을 눌러앉은 손님으로 모시고 있습니다. 하나님은 믿는 사람 안에 거하시고, 그 안에서 행하십니다. 마찬가지로 성령님은 믿는 사람이 신선한 생명수를 길러 가야 하는 샘물이 아니라, 믿는 사람 안에 계신 솟아나는 샘물이십니다.

3) 성령님은 몰래 조용히 거룩하게 하십니다.

성령님은 "내가 이스라엘에게 이슬과 같으리"(호 14:5)라고 말씀하십니다. 이슬은 하늘에 파란빛이 거의 사라져 없는 여름 저녁 어스름에 몰래 슬그머니 내리고, 어디서 와서 어디로 가는지 아무도 못 봅니다. 그런데도 내려서 메

마른 땅을 온통 새롭게 합니다. 잎사귀마다 물기로 촉촉이 적시고, 골짜기의 백합화마다, 산에 핀 꽃마다 싱그러운 꽃향기를 자아냅니다. 마찬가지로 성령님은 믿는 사람 마음에 몰래 슬그머니 내려오셔서, 목마른 영혼마다 생기를 불어넣어 새롭게 하시고, 궁궐에 살든지 흙집에 살든지 모든 성도에게서 싱그러운 사랑과 찬송과 선행의 향기를 자아내십니다.

4) 성령님은 말씀으로 거룩하게 하십니다.

예수님은 말씀하십니다. "그들을 진리로 거룩하게 하옵소서 아버지의 말씀은 진리니이다"(요 17:17). 성령님은 사람 마음에 언제나 말씀으로 찾아오시지, 말씀 없이 찾아오신 적이 없습니다. 성령님은 우리가 하나님의 말씀을 배우고 읽고 새기고 묵상할 때, 하나님의 기쁘신 뜻을 위하여 우리에게 소원을 두고 행하게 하십니다(빌 2:13). 하나님 마음에 맞은 사람 다윗은 이렇게 말했습니다. "내가 주께 범죄하지 아니하려 하여 주의 말씀을 내 마음에 두었나이다"(시 119:11).

아, 믿는 형제 여러분, 여러분이 왜 거룩함에서 자라지 않는지 알고 싶으시다면, 저는 감히 이렇게 답변 드리겠습니다. 여러분이 성경을 읽어야 하는 만큼 읽지 않기 때문입니다. 여러분이 밤낮으로 성경을 묵상했다면, 자랐을 것입니다.

4. 성령님이 하시는 네 번째 일은 구원의 날까지 믿는 사람들에게 인치시는 일입니다.

이것이 오늘 본문에서 말하는 일입니다. 앞서 살펴본 세 번째 일에서는 성령님을 거룩하게 하시는 분이라고 하듯이, 이 일에서는 성령님을 위로하시는 분이라고 말합니다. 이 일로 거룩하게 하신 신자에게 튼튼하고 견고한 영혼의 닻, 곧 부끄럽게 하지 않는 소망을 불러일으키시며 강력한 위로를 주시는 까닭입니다. 성경에서 성령님의 이 일을 이르는 몇 가지 이름을 간략히 설명 드리겠습니다.

1) 성령의 인치심

"그가 또한 우리에게 인치시고"(고후 1:22). "그 안에서 또한 믿어 약속의 성령으로 인치심을 받았으니"(엡 1:13). "하나님의 성령을 근심하게 하지 말라 그 안에서 너희가 구원의 날까지 인치심을 받았느니라"(엡 4:30). 먼 옛날에는 서류를 다 작성했다는 표시로 서류에 서명하는 대신 도장을 찍는 것이 관례였습니다. 자, 바울은 믿는 사람들이 "그리스도의 편지"(고후 3:3), 곧 먹으로 쓴 것이 아니요 오직 살아 계신 하나님의 영으로 쓴 것이며 돌판에 쓴 것이 아니요 오직 육의 마음판에 쓴 편지라고 말합니다.

그런데 성령님이 인을 치러 오실 때, 이 인을 방편으로 '내가 편지를 다 썼다. 내가 그리스도의 글을 네 마음에 다 옮겨 적었다' 하시며 이것을 당신이 하신 일로 인정하고 계신다는 것이 훤하지 않습니까? 이것은 성령님의 위로하시는 일입니다. 여러분 속에 있는 이 육의 마음판을 들여다보십시오. 성령님이 이렇게 말씀하고 계십니다. '내가 하나님의 법을 거기에 다 쓰지 않았느냐? 모든 계명이 네게 기쁨이 되게 하지 않았느냐? 두루 거룩하게 되는 것이 네 온 영혼의 목적이 되게 하지 않았느냐? 그렇다면 보라. 구원의 날까지 내가 너에게 인쳤노라!'

2) 우리가 받을 기업의 보증을 주심

하나님은 보증으로 우리 마음에 성령, 곧 그 얻으신 것을 속량하실 때까지 우리 기업의 보증이 되시는 약속의 성령을 주셨습니다(고후 1:22; 엡 1:13-14, KJV). 보증금은 머지않아 금액 전부를 주겠다는 증표로 손에 쥐어 주는 돈의 일부를 말합니다. 주인이 종을 부릴 때, 약속한 삯의 보증금을 줍니다. 자, 그리스도께서 자기 백성을 위해 값 주고 사신 기업, 다음 세상에서 주시리라 약속하신 기업은 하나님의 성령께서 이들 안에 영원토록 충만히 거하시리라는 것뿐입니다. 저는 복된 성도들이 수정같이 맑은 생명수 강가를 거닐고, 생명나무 그늘에 앉아 열두 가지 복된 열매를 맛보리라는 것을 의심하지 않습니다(계 22:1-2). 보좌 가운데 계신 어린양이 이들을 먹이시고 생명수 샘으로 인도하시고, 하나님이 이들의 눈에서 모든 눈물을 씻어 주시리라는 것을 의심하지 않습니다(계 7:17). 이 죄악 된 세상을 파란 하늘과 푸른 풀밭으로, 눈 덮인 산과 그늘진 골짜기로, 푸나무와 꽃으로 이토록 아름답게 지으신 하나님, 하나님을 모르는 불쌍한 인간들에게 짓밟힐 들꽃을 이토록 아름답게 만드신 하나님이 죄로 때 묻지 않은 깨끗한 발로만 밟게 될 세상에 이 땅에서는 이루 헤아릴 수 없는 빼어난 아름다움을 주실 수 있다고 쉽게 상상할 수 있지만, 결국 천국의 큰 복은 하나님의 성령이 거기서 우리 안에 충만히 거하시리라는 데 있습니다. 성령님이 우리 머릿속에 끊임없이 지피시는 거룩한 생각, 하늘에 속한 상상, 우리

가슴속에 보내시는 하나님과 어린양을 향해 타오르는 거룩한 감정, 성경에서 성령 안에 있는 희락이라고 말하는 더없는 기쁨, 이것이 바로 "먹고 마시는 것이 아니요 오직 성령 안에 있는 의와 평강과 희락"(롬 14:17)인 하나님 나라의 으뜸가고 빼어난 영광입니다.

그러니까 하나님이 믿는 사람에게 주시는 장차 올 영광의 보증은, 생명나무를 미리 맛보는 것도 아니고, 종려 가지와 장차 쓸 금 면류관을 미리 보는 것도 아니라, 성령님이 지금 그 마음속에 장차 있을 충만한 거하심의 맛보기나 보증으로 일부분 거하시는 것입니다.

여러분 마음속에 지금 성령의 첫 열매가 정말 있습니까? 성도 여러분, 여러분이 성령님의 인도하심을 받았다는 것을 더는 의심하지 못할 만큼, 성령님이 마침내 여러분의 이해와 감정과 삶에서 일하신 것이 틀림없습니까? 그렇다면 기뻐하십시오. 성령님이 이렇게 일하신 것이 여러분 마음속에 여러분이 받을 기업의 보증으로 있는 한, 그리스도께서 그 성도들에게서 영광을 받으실 때(살후 1:10), 마침내 여러분을 온전히 영화롭게 하실 것이기 때문입니다.

3) 성령님의 증언

성령님이 친히 우리 영과 더불어 증언하십니다(롬 8:16). 여기서 우리는 성령님의 이 증언을 성령님이 우리 영에 속삭이시는 귓속말 같은 것으로 잘못 생각하지 않도록 조심해야 합니다. 이것은 어떤 은밀한 속삭임이나 자연을 초월하는 기이한 빛으로 우리가 하나님의 자녀라는 확신을 주시는 것이 아닙니다. 성경은 성령님이 우리 구원을 이런 식으로 증언해 주신다고 말하지 않습니다. 성령님이 우리 마음속에서 하시는 일은, 우리가 우리 안을 들여다볼 때 우리 자신을 살피는 우리 영의 눈에 증언해 주시는 것입니다.

우리 안에 거룩한 기질과 습관이 생겨서 이 세상 자녀의 기질과 태도가 사라지고, 우리 영혼의 성향 자체가 "아빠 아버지"(롬 8:15)라고 부르짖는 것이 될 때, 하나님을 찬송하며 이렇게 말해도 좋습니다. '성령님이 참으로 여기서 일하셨다! 내 이리 같은 마음을 양과 같은 마음으로 고쳐 주셨다. 내 맹세지거리와 신성모독과 속된 말을 다정한 기도의 부드러운 숨결로 바꾸어 주셨다. 그렇다면 여기에 내가 새로운 피조물이요 하나님의 자녀라는 성령님의 증언, 성령님의 증거가 있고, 내 영은 그 목격자이다.'

4) 우리 마음에 부은 바 된 하나님의 사랑

성령님의 이 일을 나타내는 네 번째이자 마지막 표현은 오늘 본문에 나타납니다. 저는 이에 대한 우리의 관점을 더 분명하고 더 단순하게 하려고 할 때 빼고는 오늘 본문에서 벗어나려고 하지 않았습니다. 오늘 본문은 우리 믿는 사람들을 향한 하나님의 사랑이 우리에게 주신 성령으로 말미암아 우리 마음에 부은 바 되었다고 말합니다.

우리 마음속에 성령의 인과 보증과 증언이 있어서 우리가 믿음으로 의롭다 하심을 받았다는 사실을 알게 될 때, 우리는 우리가 하나님의 영원한 사랑에 참여하게 되었다고 느낍니다. 이 사랑이 우리 마음에 부은 바 되었습니다. 이 사랑이 단이슬 같이 내려서 온 영혼을 적시고, 새롭게 하고, 기쁘게 합니다. 이것은 온 세상에 부으시는 하나님의 불쌍히 여기시는 사랑, 그 아래 오는 모든 사람의 구원을 보장하지 않는 그 사랑이 아닙니다. 하나님은 세상, 곧 온 악한 세상을 이렇게 사랑하셨습니다. 하지만 오늘 본문에서 말하는 하나님의 사랑은 의롭다 하신 사람들에게 부으시는 사랑입니다. 우리 영혼이 지금 한낮에 내리쬐는 햇살 같이 느끼는 사랑은 바로 이 사랑입니다. 우리는 뒤따르는 바울의 복된 논증을 받아들여 이렇게 말합니다. '내가 원수 되었을 때에 하나님이 자기 아들을 주셔서 나를 위해 죽게 하셨다면, 이제 이 아들이 살아나심으로 나는 얼마나 더 구원을 받겠는가(롬 5:10)!'

아, 지금 제 앞에 복된 영혼이 하나 있다면, 그 마음속에 '나는 하나님의 자녀다. 나는 하나님의 택하시고 영원하신 사랑에 참여한 자다' 하는 이 인과 보증과 증언을 가진 영혼입니다. 이것이 여러분에게 얼마나 한없는 기쁨과 위로를 줍니까! 여러분은 여러분이 그리스도 안에 있다는 것을 압니다. 예수님을 믿는 사람의 영혼을 가졌기 때문입니다. 그렇다면 주 안에서 항상 기뻐하십시오(빌 4:4). 하나님이 자기 앞에서 예수님을 언제 내쫓으실까요? 아버지께서 그 마음 깊이 사랑하시는 아드님한테서 모든 영광과 복을 언제 빼앗으실까요? 그럴 때가 온다면 하나님은 여러분을 잊으실 수 있지만, 그때까지는 잊지 못하십니다!

여러분은 여러분이 영광의 상속자인 것을 압니다. 여러분 마음속에 기업의 보증이 있기 때문입니다. 여러분 안에 있는 은혜는 영광의 시작입니다. 수많은 바다에서 폭풍우를 헤쳐 나와 이제 고국 땅에 안전하게 매인 용감한 배는,

아무리 바람이 세차게 불어도 닻을 굳게 내리고 있어서 뱃머리에 밀어닥치는 거센 물결을 걱정하지 않습니다. 이와 꼭 마찬가지로 여러분은 이 세상의 환난이 아무리 크고 거세게 물결쳐도 웃음 지을 수 있습니다. 하늘이 찌뿌드드하고 폭풍이 일어도, 여러분의 소망의 닻은 튼튼하고 견고하여 휘장 안에 단단히 박혀 있습니다(히 6:19).

여러분은 죽음이 다가와도 여러분이 하나님의 사랑 안에 있다는 것을 압니다. 하나님의 사랑이 여러분 마음에 부은 바 되었기 때문입니다. 그렇다면 하나님의 사랑 안에 쭉 머무르십시오. 그러면 부끄럽게 하지 않는 소망, 휘장 안에 들어가 영원한 지복이라는 금빛 바닷가에 굳게 박힌 튼튼하고 견고한 영혼의 닻을 품게 될 것입니다.

한 사람의 순종과 불순종

6. 한 사람의 순종과 불순종[12]

한 사람이 순종하지 아니함으로 많은 사람이 죄인 된 것 같
이 한 사람이 순종하심으로 많은 사람이 의인이 되리라(롬
5:19).

1) 우리가 죄인 되는 길과 의인 되는 길은 정확히 평행을
이룹니다. 본문을 처음 읽더라도 이 사실은 뚜렷이 드러납
니다. 그리고 이 안에 숨겨진 놀라운 진리를 보는 눈이 점
점 더 열릴수록, 의롭다 하심을 받은 모든 사람이 그들이
죄인이 된 바로 그 방식으로 의롭다 하심을 받는다는 것을
더 뚜렷이 보게 될 것입니다.

2) 회심하지 않은 사람은 이 두 진리를 다 모릅니다. 육

---

12 1842년 4월 17일, 던디에서 성찬식 전에 한 설교.

에 속한 사람은 하나님의 성령의 일들을 받지도 않고 그것들을 알 수도 없습니다(고전 2:14). 여러분 중에 육신에 속한 사람이 오늘 이 구절의 뜻을 어렴풋이나마 알게 된다면, 이것이 아무리 죄인을 구원하시기 위한 하나님의 모든 뜻이라 할지라도, '어리석음의 극치'라고 생각할 것이 틀림없습니다. 복음이 육신에 속한 사람을 기쁘게 한다면, 복음이 아닐 것입니다. 스스로 거짓 복음임을 드러낼 것입니다.

3) 이 두 진리를 다 아는 것은 대단히 중요합니다. 영혼의 생명이 이 두 진리에 달려 있기 때문입니다. 여러분은 먼저 첫 번째 진리, 곧 여러분이 어떻게 죄인이 되었는지를 알아서 정죄 받은 죽은 영혼으로 그리스도의 발 앞에 누워야 하고, 두 번째 진리, 곧 죄인이 어떻게 의인이 되는지를 알아서 믿음 안에서 모든 기쁨과 평강을 누려야 합니다(롬 15:13). 아, 오늘 성령 하나님이 저와 여러분의 눈을 다 열어 주시길 빕니다!

1. 우리는 어떻게 죄인이 되었는가. "한 사람이 순종하지 아니함으로"

1) 한 사람. 곧, 우리 시조 아담, 곧 인류의 뿌리요 샘이자 우리 모두의 머리요 대표며, 하나님의 형상을 따라 몸과

영혼이 완전하고 은혜와 진리가 충만하게 지음을 받아 하나님 보시기에 심히 좋았던 아담을 말합니다. 하나님은 맨 처음부터 인류를 이렇게 다루기를 기뻐하셨습니다. 여러분이 얼마 전에 들었던 대로, 하나님은 사람을 줄기마다 뿌리를 내리고 서 있는 밀밭처럼 다루지 않으시고, 모든 가지가 한 뿌리와 한 줄기에서 나오는 한 그루의 나무처럼 다루셨습니다. 천사들은 다른 방식으로 다루신 듯 보입니다. 천사들은 저마다 스스로 뿌리를 내리고 서 있었습니다. 그런데 인류는 한 그루의 나무와 그 가지들처럼 다루셨습니다. 그래서 아담이 서면 모든 사람이 서고, 아담이 넘어지면 모든 사람이 넘어지게 되었습니다. 어떤 분들은 '사람을 이런 식으로 다루는 것은 부당하다. 우리는 아담을 우리 머리로 받아들일지 말지 의논한 적이 없다'고 말할지 모릅니다. 제 답변은 이렇습니다. "이 사람아 네가 누구이기에 감히 하나님께 반문하느냐 지음을 받은 물건이 지은 자에게 어찌 나를 이같이 만들었느냐 말하겠느냐"(롬 9:20). 하나님이 우리를 이렇게 만드셨습니다. 거룩하고 지혜롭고 선하고 은혜로우신 하나님이. 여러분이 믿든 안 믿든, 좋아하든 싫어하든, 하나님이 사람을 이렇게 만드셨고, 여러분이 바꿀 수 없습니다.

2) 순종하지 않음. 곧, 먹지 말라 하신 열매를 먹은 것, 꼭 이 죄 하나를 가리킵니다. 여러분 중에는 죄 하나 짓는 것, 아니 백 가지 죄를 짓는 것도 대수롭지 않게 생각하는 사람이 있습니다. 그런데 여기를 보면, 죄 하나로 아담과 그 자손이 모조리 낙원에서 쫓겨나지 않습니까? 하나님은 이 죄가 되풀이될 때까지 기다리지 않으셨습니다. 이것은 작은 죄로 보였습니다. 겉으로 보이는 행동은 작았습니다. 그저 손을 뻗어 탐스러운 열매를 땄을 뿐입니다. 여러분 중에는 안식일을 어기거나 술을 진탕 마시거나 거짓말을 하거나 그리스도 없이 주님의 식탁에 앉는 것과 같이 별로 요란스럽지 않은 죄는 가볍게 여기는 사람이 있습니다. 그런데 여기를 보십시오. 작은 죄 하나로 세상이 하나님의 저주 아래 놓였습니다. 하나님은 작은 죄 하나를 가만두지 않으시고 세상을 멸망에 빠뜨리셨습니다.

3) 결과. 많은 사람이 죄인이 되었습니다. 저는 하나님이 인류를 한 그루의 나무처럼 다루기를 기뻐하셨다고 했습니다. 도끼로 나무뿌리를 찍으면, 나무가 통째로 넘어갑니다. 줄기만 아니라 가지도, 가지에 붙은 잔가지까지도 한

꺼번에 넘어갑니다. 가지는 다 시들어 죽고, 땔감밖에 되지 않습니다. 아담이 넘어질 때도 마찬가지였습니다. 사탄은 도끼로 나무의 뿌리를 찍었고, 아담이 넘어지자 많은 사람이 아담을 따라 넘어졌습니다. 같은 날 아담의 가지도 모두 함께 넘어졌습니다. 한 번의 도끼질로 통째로 넘어갔습니다. 아담에게서 가장 멀리 있는 가지까지, 그 가지에서 나온 가장 연한 잔가지까지 그날 한꺼번에 넘어져 시들어 죽었습니다. ① 사망이 모든 사람에게 이르렀습니다. 그때부터 사람은 죽은 것이 되었습니다. 부패의 씨앗이 뿌려졌습니다. 곱게 활짝 핀 피조물이 시들어 부패하기 시작했습니다. 가지마다 죽은 상태로 세상에 나왔습니다. ② 영혼이 죽었습니다. 나무가 쓰러지면, 줄기와 가지에 즉시 양분 공급이 끊기듯이, 타락한 사람도 마찬가지였습니다. 아담은 선악과를 먹은 그날 정녕 죽었습니다(창 2:17). 그 안에 영적 생명의 불씨조차 남지 않았습니다. 이것은 여러분의 자녀가 세상에 나올 때 어떻게 하나님과 하나님의 일에 대해 완전히 죽은 채로 나오는지 설명해 줍니다. 새로 태어난 아이는 엄마 품에 매달릴지언정, 예수님께는 매달리지 않습니다. ③ 하나님의 저주를 받았습니다. 이것이 "죄인이 되었다"는 말씀의 본뜻입니다. 이것은 법정에서 쓰는 말로, '하나님 보시기에 죄책이 있어 망할 죄인이다' 하는 뜻입니다. 그날 하나님은 모든 사람에게 얼굴을 찌푸리셨습니다. 그 거룩하신 본성으로 배역한 인류를 혐오하셨습니다. 율법을 어긴 저주가 모든 사람에게 이르렀습니다.

아, 형제 여러분, 여기에 여러분 중에 몇몇 사람밖에 생각하지 못하는 겸비의 근거가 있습니다. 여러분은 자범죄의 무한한 짐에 완전히 깔렸고, 죽은 사람의 뼈와 썩은 살과 온갖 더러움으로 가득한 무덤 속과 같은 마음, 각종 더러운 영이 모이고 각종 더럽고 가증한 새들이 모이는 지옥굴과 같은 마음을 가졌을 뿐 아니라(계 18:2), 저주받은 인류에 속해 있습니다. 여러분은 악한 나무의 악한 가지입니다. 본성 자체가 죄인입니다. 영적으로 죽었고, 선한 것은 무엇이든 싫어하는 죄인입니다. 아, 첫째 아담과 여러분의 관계를 보여 달라고 기도하십시오! 둘째 아담에게 꼭 달라붙게 해 달라고 기도하십시오! 세상은 이 진리를 비웃고 조롱하지만, 이것은 이 진리가 하나님에게서 나왔다는 증거입니다. 복음이 세상에 지혜롭게 보였다면, 참 복음이 아님을 스스로 드러냈을 것이기 때문입니다.

2. 우리는 어떻게 의인이 되는가. "한 사람이 순종하심으로 많은 사람이 의인이 되리라."

1) 한 사람. 이 두 번째 사람은 둘째 아담이며 하나님의 아들이신 주 예수 그리스도이십니다. ① 첫째 아담은 아름다웠습니다. 하나님이 손수 지으셨기 때문에 눈이 부시게 아름다웠습니다. 하지만 둘째 아담은 그 전체가 사랑스럽고, 사람들보다 아름다우십니다(아 5:16; 시 45:2). ② 첫째 아담은 하나님의 모양으로 지음 받았지만, 둘째 아담은 하나님 자신이시고, 하늘에서 나신 주님이시며(고전 15:47, KJV), 아버지 영광의 광채시요 그 본체의 형상이십니다(히 1:3). ③ 첫째 아담은 하늘의 지혜가 가득해서 자기에게 온 모든 생물의 이름을 지어주었습니다. 하지만 둘째 아담은 그 안에 지혜와 지식의 모든 보화가 감추어져 있습니다(골 2:3). "하나님의 지혜"(고전 1:24)이십니다. 그분이 말하는 것처럼 말한 사람은 이때까지 없었습니다(요 7:46). 별들을 다 이름대로 부르십니다(시 147:4). ④ 첫째 아담은 온 인류의 머리, 곧 언약의 머리였습니다. 그래서 아담 안에서 온 인류가 서기도 하고, 넘어지기도 했습니다. 그리스도는 만민에게 머리로 제안되시고(막 16:15), 실제로 그 안에서 다 통일되

게 하신 모든 구속받은 사람들과 수많은 거룩한 천사들의 머리이십니다(엡 1:10).

아, 얼마나 영광스러운 분이십니까! 그 안에서 하나님과 사람의 온전함이 만납니다. 아, 오늘 여러분에게 그리스도를 즐거워하고 놀라워하고 우러러보는 생각이 가득하다면 얼마나 좋을까요! 그리스도께서 여러분 위에 해 같이 떠오르신다면 얼마나 좋을까요! 그리스도는 "세상의 빛"(요 8:12)이시요, "의로운 해"(말 4:2, 개역한글)이시며, "광명한 새벽 별"(계 22:16)이십니다. 경건하지 않은 자들을 의롭다 하시고, 죄를 사하는 권세가 있으신 분이십니다(롬 4:5; 눅 5:24). 모든 믿는 사람에게 보배이십니다(벧전 2:7).

2) 순종하심. 두 측면.

① 하나님의 거룩한 율법에 순종하셨습니다. 사탄은 온 인류가 하나님의 율법을 혐오하고 거부하고 거역하게 만들었는데, 그때 자기가 하나님의 율법을 영원히 욕보였다고 생각했습니다. 그런데 바로 여기서 사탄은 절망을 맛보았습니다. 하나님의 아드님이 오셔서 하나님의 율법에 순종하셨습니다. 이 한 사람의 순종이 세상이 했을 순종보다 하나님을 더욱 영화롭게 했고, 천사들을 더욱 놀라게 했습

니다. 그분은 율법을 크고 존귀하게 하셨고, 거룩하고 의롭고 선한 율법으로 그 어느 때보다 더 빛나게 하셨습니다 (사 42:21; 롬 7:12).

복음서에 나온 예수님의 삶을 쭉 훑어보십시오. 그러면 하나님의 율법에 순종한다는 것이 무엇인지 알게 될 것입니다. 예수님은 아버지 외에는 다른 신들을 섬기지 않으셨습니다. 어떤 우상에게도 절하지 않으셨습니다. 아버지의 이름을 망령되게 부르지 않으셨습니다. 안식일을 기억하여 거룩하게 지키셨습니다. 나사렛으로 내려가 요셉과 마리아에게 순종하셨습니다(눅 2:51). "여자여 보소서 아들이니이다"(요 19:26). 살인하지 않으셨고, 간음하지 않으셨고, 도둑질하지 않으셨고, 그 입에 거짓이 없으셨고(벧전 2:22), 탐내지 않으셨습니다. 십계명을 둘로 간추린다면, 예수님은 마음과 뜻과 힘을 다하여 하나님을 사랑하셨고, 자기 이웃을 자기 자신 같이 사랑하셨습니다(눅 10:27). 하나님을 향한 꺼지지 않는 사랑이 예수님 가슴속에서 타올랐습니다. 그 하신 모든 일에서 하나님을 존중하셨습니다. 하나님이 자기를 상하게 하시고 질고를 당하게 하시며(사 53:10), "칼아 깨어서 내 목자, 내 짝 된 자를 치라 목자를 치면 양이 흩어지려니와 작은 자들 위에는 내가 내 손을 드리우리라"(슥 13:7) 말씀하실 때에도, "나의 하나님, 나의 하나님!" 하고 외치셨습니다. 자기를 치신 그 손에 입을 맞추셨습니다. 또 예수님은 자기 이웃을 자기 자신보다 더 사랑하셨습니다. "사람이 친구를 위하여 자기 목숨을 버리면 이보다 더 큰 사랑이 없나니"(요 15:13). "나는 사랑하나 그들은 도리어 나를 대적하니"(시 109:4). "우리가 아직 죄인 되었을 때에 그리스도께서 우리를 위하여 죽으심으로 하나님께서 우리에 대한 자기의 사랑을 확증하셨느니라"(롬 5:8). 예수님은 이들이 자기를 십자가에 못 박고, 머리를 흔들며 자기를 모욕하고(막 15:29), 자기한테 신 포도주를 줄 때에도(눅 23:36), "아버지 저들을 사하여 주옵소서 자기들이 하는 것을 알지 못함이니이다"(눅 23:34) 하고 외치셨습니다. 사랑은 율법의 완성입니다(롬 13:10)! 자, 하나님은 사랑이시고, 그리스도는 하나님이십니다. 이것이 한 사람의 순종의 한 측면이고, 이것으로 많은 죄인을 의인으로 만드십니다.

②자기 목숨을 버리셨습니다. 여기서 예수님은 자기 아버지의 특별한 계명에 순종하셨습니다. 아담이 십계명을 지켜야 했을 뿐 아니라, 하나님의 뜻에 순종하는지 알아보

는 특별한 계명, 곧 금하신 열매를 먹지 말라는 계명을 받은 것처럼, 그리스도께서도 십계명을 지키셔야 했을 뿐 아니라, 이제껏 아무도 받은 적 없는 가장 어려운 계명, 곧 죄인들을 위해 죽으라는 특별한 계명을 받으셨습니다. "아버지께서 나를 사랑하시는 것은 내가……목숨을 버림이라……이 계명은 내 아버지에게서 받았노라"(요 10:17-18, 개역한글). 그리고 얼마 뒤에 "아버지께서 주신 잔을 내가 마시지 아니하겠느냐"(요 18:11)고 하셨습니다.

그리스도께서는 이렇게 말씀하십니다. "주께서 내 귀를 통하여 내게 들려주시기를 제사와 예물을 기뻐하지 아니하시며 번제와 속죄제를 요구하지 아니하신다 하신지라 그 때에 내가 말하기를 내가 왔나이다 나를 가리켜 기록한 것이 두루마리 책에 있나이다 나의 하나님이여 내가 주의 뜻 행하기를 즐기오니 주의 법이 나의 심중에 있나이다 하였나이다"(시 40:6-8). "사람의 모양으로 나타나사 자기를 낮추시고 죽기까지 복종하셨으니 곧 십자가에 죽으심이라"(빌 2:8). 이것은 이제껏 있었던 가장 놀라운 순종의 시험이었습니다. 기나긴 시험이었습니다. "내가 어릴 적부터 고난을 당하여 죽게 되었사오며 주께서 두렵게 하실 때에 당황하였나이다"(시 88:15). 예수님은 어려서부터 간고를 많이 겪으셨습니다(사 53:3). 갈보리에서 마지막 한숨을 내뱉으실 때까지 자기 아버지의 진노의 먹구름에 수없이 뒤덮이셨습니다. 예수님이 반드시 이 일을 해야 한다는 도리 같은 것은 없었습니다. 예수님이 위하여 죽으신 자들은 그 안에 좋아하거나 사랑할 만한 구석이 조금도 없었습니다. 이들은 자기네를 위해서 죽어 달라고 부탁하지도 않았고, 예수님의 뛰어나심과 신성한 영광에 눈먼 흉악한 죄인이었을 뿐입니다. 그런데도 예수님은 죽기까지 순종하셨습니다. 이것은 아무리 죄악 되더라도 자기로 말미암아 하나님께 나아오는 모든 사람을 덮으시고 의롭다 하시는 순종입니다.

3) 결과. "많은 사람이 의인이 되리라." 우리는 사람의 타락과 멸망에서 하나님이 사람을 다루실 때, 저마다 뿌리를 내리고 서 있는 밀밭이 아니라, 모든 가지가 함께 서거나 넘어지는 한 그루의 나무로 다루기를 기뻐하셨다는 것을 봤습니다. 우리는 각자 지은 죄로 각각 죄인이 된 것이 아니라, 한 사람의 죄로 다 함께 죄인이 되었습니다. 마찬가지로 하나님이 죄인을 의롭다 하실 때도, 각 사람의 순

종과 선함과 거룩함으로 각각 의롭다 하시는 것이 아니라, "한 사람의 순종"으로 의롭다 하시기를 기뻐하셨습니다. 아담이 자신의 죄 하나로 자신만 아니라 모든 가지에게, 가장 멀리 떨어지고 가장 가녀린 가지, 아직 나지 않은 가지에게까지 죽음과 하나님의 저주와 온 영혼의 죽음을 가져왔듯이, 둘째 아담은 자신의 순종으로 자신의 모든 가지에게, 가장 멀리 떨어지고 가장 가느다란 가지, 아직 나지 않은 가지에게까지 용서와 의와 영혼의 생명과 영원한 영광을 가져오셨습니다.

① 이들은 의인이 됩니다. 그리스도께로 피하는 사람은 의인이 됩니다. 이전에 어떠했든지 이제는 의롭습니다. 의로운 가정에 속하고, 의로운 나무에 속합니다. 뿌리가 의롭기에 가지도 다 의롭습니다. 그저 용서만 받고 그 무한한 죄만 다 지워지는 것이 아니라, 의인이 됩니다. 마치 아무 죄도 짓지 않은 것처럼 무죄한 사람이 될 뿐 아니라, 의를 다 이룬 것처럼 의인이 됩니다. 그리스도의 고난과 순종이 다 이들의 것으로 여겨집니다. 마치 자기네가 순종한 것처럼 의인이 될 뿐 아니라, 신성한 순종을 한 것처럼 의인이 됩니다. 이들은 단숨에 의인이 됩니다. 우리가 단숨

에, 한 번의 타격으로, 한 사람의 죄로 죄인이 되었듯이, 여러분 중에 그리스도께 매달리는 사람은 단숨에 의인이 됩니다. 하나님이 여러분을 받아 주시기까지 여러분은 오래 기다리지 않았습니다. 여러분이 그리스도께 매달리자마자 여러분을 받아 주셨습니다. "(나를) 믿는 자는 영생을 가졌나니"(요 6:47). "의와 힘은 여호와께만 있나니……이스라엘 자손은 다 여호와로 의롭다 함을 얻고 자랑하리라"(사 45:24-25, 개역한글).

② 적은 사람이 아니라, 많은 사람입니다. 첫째 아담은 자신이 하나님께 순종하지 않아서 죄와 죽음을 물려준 수많은 가정의 뿌리였습니다. 둘째 아담은 자신이 용서와 거룩함을 주는 수많은 가정의 뿌리이십니다. 이들은 나라마다, 세대마다 흩어져 있어서 적어 보일 때가 많지만, 한데 모이면 많습니다. "네 자손이 이와 같으리라"(창 15:5). "내가 보니……아무도 능히 셀 수 없는 큰 무리가 나와"(계 7:9). 모든 사람이 이렇게 의인이 되었습니다. "내 아버지 집에 거할 곳이 많도다"(요 14:2). 그중에 한 곳도 비지 않을 텐데, 모두 한 사람의 순종으로 의로울 것입니다. 아, 여러분은 이 많은 사람 속에 들지 않으시겠습니까?

③ 많지만, 다는 아닙니다. 둘째 아담은 자신을 모든 사람에게 제안하십니다. 첫째 아담과 같은 범위를 차지하기를 바라십니다. 첫째 아담의 타락으로 만민에게 멸망이 미쳤습니다. 마찬가지로 둘째 아담의 선물도 만민에게 미칩니다. "너희는 온 천하에 다니며 만민에게 복음을 전파하라"(막 16:15). 복음은 천하 만민에게 전파됩니다. 그리스도께서는 만민에게 용서와 의와 영생의 뿌리가 되기를 바라며 서 계십니다. 그렇지만 모든 사람이 오는 것도 아니고, 오려고 하지도 않습니다. 거의 모든 사람은 멀찌감치 떨어져 죄 가운데 죽습니다. 여러분도 대부분 지금 그리스도에게서 멀리 떨어져 있을까 봐 두렵습니다. 아, 여러분이 다 하나님의 방법으로 의인이 된다면 얼마나 좋겠습니까!

3. 교훈

1) 거의 모든 사람이 길을 잘못 들었습니다. 많은 사람이 잘못된 방향으로 열심을 냅니다. 배가 부서져서 선원들이 거룻배로 옮겨 탈 때, 이들은 육지에 닿으려고 안간힘을 쓰지만 엉뚱한 쪽으로 노를 젓기 일쑤입니다. 죄인들도 마찬가지입니다. 여러분 중에도 많은 사람이 열심을 내지만,

방향이 잘못되었습니다. 거의 모든 사람이 많은 사람의 순종으로, 각자 자신의 순종으로 의인이 되려고 애씁니다. 여러분은 스스로 뿌리를 내리고 서기를 바랍니다. 첫째 아담에게서 죄책을 받으려 하지도 않고, 둘째 아담에게서 의를 받으려 하지도 않습니다. 여러분이 하나님보다 더 지혜롭습니까? 만일 의롭게 되는 것이 율법으로 말미암는다면, 그리스도께서 헛되이 죽으셨습니다(갈 2:21). 여러분은 그리스도를 쓸모없이 만들려고 애씁니다. 여러분, 하나님의 방법을 따르고, 하나님의 계획을 받아들이고, 하나님의 의에 복종하는 것이 낫지 않습니까?

2) 믿는 사람은 하나님 앞에서 모두 똑같이 의롭습니다. 저는 한 가정에서 서로 자랑하지 못하게 하려고 아이들에게 다 똑같이 예쁜 옷을 입혀 놓은 것을 봤습니다. 하나님의 가정도 마찬가지입니다. 모두 한 사람의 순종으로 의인이 됩니다. 맏형의 옷 한 벌이 모두를 덮습니다. 믿는 사람은 저마다 이루는 바가 다르고 받은 은사와 은혜가 다르지만, 하나님 앞에서 다 똑같이 의롭다 하심을 받습니다. 이들 자신이 한 일로 의롭다 하심을 받는 것이 아니라, 오직 그리스도께서 하신 일로 의롭다 하심을 받습니다. 아, 형

제 여러분, 그리스도의 가정에는 자랑할 것이 없습니다. "그런즉 자랑할 데가 어디냐 있을 수가 없느니라"(롬 3:27). 많은 사람이 가까이 오지 않는 까닭이 바로 여기에 있습니다. 이들은 주정뱅이나 세리와 같은 대접 받는 것을 못 견딥니다. 막달라 마리아와 죽어가는 강도와 함께 하나님 앞에 가는 것을 못 견딥니다.

3) 여러분은 하나님께 언제든지 이렇게 나아갈 수 있습니다. 여러분을 덮는 이 하나님의 순종은 여러분에게 한 번만 필요한 것이 아니라, 여러분이 사는 내내 필요합니다. 여러분이 그리스도를 저버리는 순간, 여러분은 하나님 앞에서 여러분의 의를 잃는 것입니다. 그렇지만 지금 돌이킬 수 있습니다. 이 순종은 언제나 똑같고, 언제나 온전하고, 언제나 신성합니다. 여러분은 여러분이 달라진다고 말합니다. 그리스도는 달라지지 않으십니다. 여러분은 여러분이 새로운 죄책을 얻었다고 말합니다. 그리스도는 여전히 그대로이십니다. 여러분은 여전히 한 사람의 순종으로 또다시 의인이 될 수 있습니다. 왜 그리스도를 멀리하십니까? 그리스도와 떨어져 스스로 의인이 될 수 있습니까? 그리스도께 복종하는 수밖에 달리 의인 될 길이 있습니까?

7

그리스도와 합하여 세례를 받은 우리

7. 그리스도와 합하여 세례를 받은 우리

무릇 그리스도 예수와 합하여 세례를 받은 우리는 그의 죽
으심과 합하여 세례를 받은 줄을 알지 못하느냐 그러므로
우리가 그의 죽으심과 합하여 세례를 받음으로 그와 함께
장사되었나니 이는 아버지의 영광으로 말미암아 그리스도
를 죽은 자 가운데서 살리심과 같이 우리로 또한 새 생명
가운데서 행하게 하려 함이라(롬 6:3-4).

얼마 전에 저는 여러분에게 이 장의 처음 두 구절을 설명
드렸습니다. 사탄이 그리스도께 온 사람들을 자꾸 유혹해
서 죄에 거하게 하려고 한다는 사실을 보여 드렸습니다.
사탄은 '은혜가 더하도록 죄에 거하라'고 영혼에 속삭입니
다. '너는 샘을 알지 않느냐. 그러니까 새로 또 죄를 지어도

언제든지 돌아와 씻을 수 있다. 또 다시 의롭다 하시는 은혜를 받는 것은 아주 식은 죽 먹기다. 네 옷에 얼룩을 조금 더 묻힌다고 해서 문제될 것이 무어냐?'고 말합니다.

또 '너는 절대로 안 망한다. "내 말을 듣고 또 나 보내신 이를 믿는 자는 영생을 얻었고 심판에 이르지 아니하나니 사망에서 생명으로 옮겼느니라"(요 5:24)고 하지 않았느냐. 그러니까 죄에 거하라. 문제될 것 없다. 어쨌든 구원은 받을 것이다'고 말합니다.

또 '죄가 더할수록, 은혜가 더한다. 네가 지은 죄가 많아지면, 네 죄를 말끔히 씻는 데서 그리스도의 피는 더욱 빛날 것이다. 막달라 마리아랑 죽어가는 강도의 죄를 씻을 때만큼 그리스도가 더 크게 영광 받은 적이 있느냐. 죄에 거하라. 그래야 은혜가 더한다'고 말합니다.

이것이 사탄이 쏘는 불화살입니다. 바울의 답변을 곰곰이 생각해 보십시오. "죄에 대하여 죽은 우리가 어찌 그 가운데 더 살리요"(롬 6:2)?

1) 이것은 믿는 사람이 죄에 무뎌졌다는 말이 아닙니다.

요셉은 자기 주인의 아내와 같은 방에 있기를 거부했습니다. 다윗은 자기 눈을 돌이켜 허탄한 것을 보지 않게 해 달라고 기도했습니다(시 119:37). 바울은 "선을 행하기 원하는 나에게 악이 함께 있……다"(롬 7:21)고 말합니다. 믿는 사람은 누구나 자기 마음이 부싯깃 같아서 아무리 작은 유혹의 불씨라도 금세 불이 옮겨붙을 것처럼 느낍니다.

2) 이것은 우리가 죄의 저주에 대해 죽었다는 말입니다.

우리는 우리 머리요 보증인이신 그리스도 안에서 벌써 죄의 저주를 받았고, 그래서 이제 하나님의 사랑 안으로 인도받았습니다. 그러니까 하나님은 우리를 죄 가운데 살도록 더는 내버려 두지 않으실 것입니다. "죄에 대하여 죽은 우리가 어찌 그 가운데 더 살리요?" 이제 뒤따르는 3절과 4절 말씀에서 이 주장을 더 자세히 살펴봅시다. "무릇 그리스도 예수와 합하여 세례를 받은 우리는 그의 죽으심과 합하여 세례를 받은 줄을 알지 못하느냐 그러므로 우리가 그의 죽으심과 합하여 세례를 받음으로 그와 함께 장사되었나니 이는 아버지의 영광으로 말미암아 그리스도를 죽은 자 가운데서 살리심과 같이 우리로 또한 새 생명 가운데서 행하게 하려 함이라."

1. 잘못된 해석

먼저 이 말씀에 대한 잘못된 해석을 막겠습니다. 사람들은 이 말씀이 '믿음이 있는 사람이나 없는 사람이나 모든 사람에게 세례는 언제나 중생을 동반한다'는 개념을 지지한다고 이해했습니다. 그러니까 '세례 받은 사람은 누구나 그리스도와 하나 된다'는 식으로 이해한 것입니다. 이런 해석이 잘못되었음은 다음 두 가지에서 뚜렷하게 드러납니다.

1) 말씀 자체에서

오늘 본문은 '무릇 물로 세례를 받은 우리가 그리스도와 합하여 세례를 받았다'고 하지 않고, '무릇 그리스도 예수와 합하여 세례를 받은 우리가 그리스도의 죽으심과 합하여 세례를 받았다'고 말합니다. 그러니까 바울이 여기서 말하는 세례는, 겉만 씻는 세례가 아니라, 속을 씻는 세례, 곧 우리가 그리스도와 연합한 것을 나타내고 인치는 참된 세례입니다. 저는 많은 사람이 그리스도와 합하여 세례를 받지 않고, 물로만 세례를 받았을까 봐 두렵습니다. 마치 믿지 않는 사람이 떡과 포도주를 먹는다고 해서 꼭 주 예수님을 먹는 것은 아니듯 말입니다.

2) 논증에서

바울은 '누구든지 그리스도와 합하여 세례를 받는 사람은 새 생명 가운데서 행하도록 살리심을 받는다'고 주장합니다. 그렇지만 세례를 받고도 회심하지 않은 채로 있는 사람들의 경우는 그렇지 않습니다. 세례가 곧 그리스도와 연합을 뜻했다면, 이들은 새로운 피조물이 되었을 것입니다. 하지만 이들은 새로운 피조물이 아니므로 이들이 받은 세례는 그리스도와 연합하는 것이 아니었습니다. 새로운 피조물이 아닌 것이 틀림없었던 마술사 시몬의 경우처럼, 그리스도의 엄숙한 규례를 모독하는 행위였을 뿐입니다.

이제 서둘러 이 말씀의 참되고 단순한 해석을 살펴보겠습니다. 주님, 주님의 빛과 진리를 보내사 저를 주님의 거룩한 산으로 이끄시고 인도하옵소서!

2. 그리스도와 합하여 받는 세례는 무엇인가

1) 그리스도가 주시는 세례입니다.

이것은 어떤 목사의 손으로 주는 세례가 아니라, 못 박히신 손으로 주시는 세례입니다. "나는 물로 너희에게 세례를 베풀거니와 나보다 능력이 많으신 이가 오시나니 나는 그의 신발 끈을 풀기도 감당하지 못하겠노라 그는 성령과 불로 너희에게 세례를 베푸실 것이요"(눅 3:16). 교만하고 주제넘은 사람들은 겁도 없이 자기네가 주는 세례가 영혼을 거듭나게 할 것이라면서, 성령을 선물로 주시는 그리스도의 가장 자유롭고 가장 은혜롭고 가장 절대적인 주권을 빼앗습니다.

2) 성령이 중개하시는 세례입니다.

물은 영혼을 그리스도와 연합시킬 수 없습니다. "요한은 물로 세례를 베풀었으나 너희는 몇 날이 못 되어 성령으로 세례를 받으리라"(행 1:5). "다 한 성령으로 세례를 받아 한 몸이 되었고"(고전 12:13).

그렇다면 오늘 본문에서 말하는 세례는 성령의 세례입니다. 불쌍하고 눈먼 사람들은 편리한 종교를 아주 좋아합니다. 많은 사람이 세례 주는 물이 영혼을 거듭나게 할 수 있다고 생각하기를 아주 좋아합니다. 이렇게 해서 죽은 영혼을 거듭나게 하시는 성령님의 가장 자유롭고 가장 절대적인 능력을 빼앗습니다.

3) 그리스도와 합하여 받는 세례입니다.

하지만 물세례는 영혼을 그리스도와 연합하지 못한 채

로 두기가 일쑤입니다. 유아세례를 받고도 그 뒤의 삶으로 그리스도와 연합하지 않았음을 똑똑히 보여 주는 사람이 얼마나 많습니까? 성인이 되어 세례를 받은 사람 중에도 마술사 시몬과 같이 그 마음이 하나님 앞에서 바르지 못한 사람이 얼마나 많습니까(행 8:21)? 오늘 본문에서 말하는 세례는 성령님이 마음속에서 하시는 일, 곧 깨우시고, 빛을 비추시고, 위로하시고, 구원하시는 일입니다.

저는 세례의 성례를 무시하려는 것이 아닙니다. 제가 성찬의 성례를 무시하지 않는 것과 마찬가지입니다. 저는 두 성례 다 누구든지 합당하게 받기만 하면 구원하시는 은혜의 표와 인이 된다고 믿습니다. 그렇지만 성령님이 마음속에서 하시는 일을 물세례와 혼동해서 하나님을 욕되게 하지 않도록 하나님이 저를 지켜 주시길 빕니다.

여러분, 그리스도와 합하여 세례를 받으셨습니까? 여러분은 그리스도의 이름으로 물세례를 받았습니다. 그런데 여러분 영혼에 성령의 이슬이 내려서 예수 그리스도께 매달리게 되었습니까? 형제 여러분, 이것이 없다면, 여러분이 받은 성례는 거짓일 뿐입니다. 믿음이 없이는 하나님을 기쁘시게 하지 못합니다(히 11:6).

3. 그리스도께 참되게 연합한 사람은 모두 그리스도와 함께 죽고 그리스도와 함께 장사됩니다.

이것을 제대로 이해하려면, 그리스도와 그리스도에게 붙은 모든 사람을 그리스도가 머리이고 우리는 그 지체인 커다란 한 몸으로 봐야 합니다. 이것이 바로 성경에서 하나님이 우리를 두고 말씀하시는 방식입니다. "몸은 하나인데 많은 지체가 있고 몸의 지체가 많으나 한 몸임과 같이 그리스도도 그러하니라"(고전 12:12). "너희는 그리스도의 몸이요 지체의 각 부분이라"(고전 12:27). "(하나님이) 그를 만물 위에 교회의 머리로 삼으셨느니라 교회는 그의 몸이니 만물 안에서 만물을 충만하게 하시는 이의 충만함이니라"(엡 1:22-23). 바울은 또 "온 몸이 머리로 말미암아 마디와 힘줄로 공급함을 받고 연합하여 하나님이 자라게 하시므로 자라느니라"(골 2:19)고 말합니다.

하나님께서 우리를 아담과 한 몸의 지체로 하나 되게 하셔서 아담이 죄를 지을 때 우리도 죄를 짓고 아담이 타락할 때 우리도 타락하게 하시기를 기뻐하신 것처럼, 믿는 사람들을 그리스도와 하나 되게 하셔서 그리스도가 순종할 때 우리도 순종하고 그리스도가 죽을 때 우리도 죽고 그리스도가 장사될 때 우리도 그리스도와 함께 장사되게 하시기를 기뻐하셨습니다. 죄책을 가진 불쌍한 죄인이 그리스도께 매달리는 순간, 여호와께서는 이 죄인을 그리스도 몸의 지체로 여기십니다. 그래서 그리스도가 나무에 못 박힐 때 우리도 못 박혔고, 하나님 진노의 잔이 그리스도에게 쏟아질 때 우리에게도 쏟아졌고, 그리스도의 상처에서 피가 흘러내릴 때 그 피가 우리를 덮었습니다. 우리가 그 지체인 까닭입니다.

이것은 다음 말씀의 참뜻을 설명해 줍니다. "내가 그리스도와 함께 십자가에 못 박혔나니"(갈 2:20). "너희가……그리스도와 함께 죽었거든"(골 2:20). "너희가 죽었고"(골 3:3). 죽어가는 임마누엘의 형체가 온통 새파랗게 되었을 때, 우리도 온통 새파랗게 되었습니다. 그 상처 난 손과 발에서 마지막 핏방울이 새어 나올 때, 우리 생명의 피가 새어 나왔습니다. 그리스도께서 "다 이루었다"(요 19:30)고 외치시며 고통 가운데서 머리를 숙이실 때, 우리 머리도 숙여졌습니다. 그 끔찍한 순간에 끝내신[13] 것은, 우리 죄로

---

13 "다 이루었다"는 말씀은 영어로 "It is finished!"인데, 이것을 '다 끝냈다'고 해석할 수도 있다.

말미암은 저주였습니다. 그뿐만 아니라 그리스도께서 파리하고 싸늘하고 딱딱하게 굳은 몸으로 바위 무덤에 묻혀 죽음의 권세 아래 잠깐 머물러 계실 때, 우리도 그리스도와 함께 장사되었습니다.

여기서 믿는 사람은 죄의 저주에서 완전히 벗어난다는 사실을 배우십시오. "죽은 자가 죄에서 벗어나"(롬 6:7). 범죄자가 법의 마지막 형벌을 받고, 그 시체가 교수대에서 떨어져 곧바로 무덤에 묻힐 때, 법은 이 사람에게 더 갚을 것이 없습니다. 복수의 잔을 싹 비웠습니다. 그리스도께서 죽으실 때도 마찬가지였습니다. 그리스도께서는 십자가에서 공의의 손에 붙들리셨지만, 무덤에서 다시 살아나실 때 저주는 말끔히 사라졌습니다. 그리스도께서는 죄를 세마포처럼, 머리를 쌌던 수건처럼 무덤에 그대로 두고 나오셨습니다! 예수님을 믿는 여러분, 그래서 여러분은 죄책에서 벗어났습니다! 여러분도 여러분의 죄를 다 바위 무덤에 두고 나왔습니다. 죄와 셈을 마쳤습니다. 여러분도 십자가에 못 박혔고, 그리스도의 몸으로 말미암아 율법에 대해서 죽임을 당했습니다(롬 7:4).

4. 우리는 새 생명 가운데서 행하도록 살리심을 받습니다.

우리가 그리스도와 함께 죽는 커다란 목적 하나는 그리스도와 함께 다시 살리심을 받기 위해서입니다. "이는 아버지의 영광으로 말미암아 그리스도를 죽은 자 가운데서 살리심과 같이 우리로 또한 새 생명 가운데서 행하게 하려 함이라"(롬 6:4).

그리스도는 죽은 자 가운데서 어떻게 살아나셨습니까?

1) 아버지로 말미암아 살아나셨습니다.

물론 성경은 때때로 그리스도가 자기 힘으로 살아나셨다고 말합니다. "너희가 이 성전을 헐라 내가 사흘 동안에 일으키리라……그러나 예수는 성전 된 자기 육체를 가리켜 말씀하신 것이라"(요 2:19, 21). "나는 버릴 권세도 있고 다시 얻을 권세도 있으니"(요 10:18). 그리스도는 아버지와 하나였고, 아버지가 행하신 일을 아들도 그대로 행했습니다(요 10:30; 5:19). 그렇지만 보통은 속죄를 준비하시고 예수를 살리신 것을 아버지가 하신 일로 나타냅니다. "하나님이 오른손으로 예수를 높이시매"(행 2:33). "(하나님이) 그를 오른손으로 높이사 임금과 구주로 삼으셨느니라"(행 5:31). 하나님이 예수님을 죽은 자 가운데서 살리셨습니다.

2) 아버지의 영광으로 살아나셨습니다.

이 영광을 흔히들 아버지의 영광스러운 능력으로 이해하는데, 저는 더 깊고 좋은 뜻이 있다고 생각합니다. 하나님은 그리스도를 무덤에서 살리시기로 그리스도와 언약하셨고, 이제 이 일을 이루기 위하여 하나님의 진실하심과 공의와 사랑이 그리스도를 살리는 데 다 쓰인 것입니다. 하나님이 이 언약을 지키지 않으셨다면, 자기 이름을 욕보이셨을 것입니다. 하나님의 영광이 예수님을 살리기로 하신 하나님의 말씀을 이루는 데 쓰였습니다.

3) 하나님은 예수님과 연합한 모든 사람을 살리십니다.

하나님은 이들을 새 생명 가운데서 행하게 하시려고 살리십니다. 우리가 그리스도의 죽으심과 합하여 세례를 받고 그리스도와 함께 장사되는 목적이 바로 여기에 있습니다. 곧, 예수님을 무덤에서 살리신 바로 그 능력으로 살리심을 받아 새 생명 가운데 행하는 것입니다.

여기에 정욕과 씨름하는 사람을 위한 아주 달콤한 위로가 있습니다. 여러분 중에 하나님의 자녀인 분들은 여러분의 정욕이 잠자는 지옥인 줄을 압니다. 아, 그 깊이가 얼마나 깊습니까! 지금 이 땅에 흘러넘치는 온갖 범죄, 이 땅을 끝내 불구덩이에 빠뜨릴 온갖 혐오스러운 범죄가 어느 순간에 드러나면, 여러분은 '이 모든 것의 샘이 내 가슴속에 있다'고 말할 수 있습니다. 지옥에 있는 잃어버린 영들의 가슴을 갈기갈기 찢고 망가뜨리는 모든 악마 같은 정욕과 미친 듯한 격정이 여러분 앞에 훤히 드러나면, 여러분은 여러분 가슴속에도 같은 것이 있음을 알게 됩니다. 이것을 어떻게 억누를 수 있습니까? 여러분 가슴속에 있는 이 쉭쉭거리는 굶주린 뱀을 어떻게 잠재울 수 있습니까? 여러분은 죄 없는 세상에 이르려다가 낙심하는 일이 많습니다. 아, 복된 길이 하나 있습니다.

여러분이 그리스도와 연합하면, 하나님께서 여러분을 새 생명 가운데 행하게 하시기 시작하십니다. 하나님은 자기 영광을 담보로 이 일을 하기로 하셨습니다. 하나님의 진실하심과 언약에 신실하심, 하나님의 존귀와 공의, 하나님의 거룩하심과 사랑이 다 여러분을 성령의 전능한 능력으로 살리셔서 새 생명 가운데 행하게 하시겠다는 보증입니다! 여러분을 반대할 만한 것을 다 합쳐도 여러분을 위하시는 하나님이 더 크십니다. 하나님은 새 마음과 새 생각과 새 생명을 주시려고 자기 말씀과 영광을 쓰십니다.

두려워 말고, 그냥 믿으십시오.

5. 믿지 않는 사람은 여전히 옛 죄 가운데 있습니다.

아, 친구 여러분, 여러분 중에 새 생명이 뜻하는 바를 아는
사람이 얼마나 적습니까! 여러분은 태어나서부터 쭉 한결
같이 살아왔고, 구원의 변화를 체험하지 못했습니다. 그
리스도 안에 있는 사람들에게는 성경이 새로운 책이 됩니
다. 여러분에게는 새로운 책이 되지 않았습니다. 안식일이
새로운 날이 되지만, 여러분에게는 그렇지 않습니다. 하
나님의 백성은 이런 데서 이전에 맛보지 못한 새로운 기쁨
을 맛보지만, 여러분은 그 맛을 모릅니다. 하나님의 백성
은 세상에 속하지 않았고, 세상 너머를 보고, 세상 위에 살
고, 세상의 죄를 싫어하고, 세상의 쾌락을 깔보지만, 여러
분은 그렇지 않습니다. 그렇다면 이 해설을 들어보십시오.
여러분은 성령으로 세례를 받은 적이 없습니다. 거듭난 적
이 없고, 그리스도와 연합한 적이 없습니다.

여러분 중에 어떤 사람은 생각과 관점이 달라졌지만, 삶
은 달라지지 않았습니다. 여러분은 하나님의 일과 성경을
아는 지식이 더 커졌습니다. 재미있는 설교를 음미할 때도

있습니다. 그럴듯한 머리 지식을 얻었고, 말과 신앙고백도 그럴듯하게 하게 되었습니다. 그런데도 여러분은 그다지 정직하지 않습니다. 이따금 거짓말도 하고, 맹세지거리도 합니다. 술이 확 깨지도 않았고, 썩 정숙하지도 않습니다. 여러분은 아직도 옛 죄 가운데 그대로 삽니다. 아, 이 해설을 들어보십시오. 여러분은 그리스도의 죽으심과 합하여 세례를 받은 적이 없습니다! 여러분은 살았다 하는 이름을 가졌을지 모르지만, 죽었습니다(계 3:1). 등과 심지와 불을 가졌을지 모르지만, 은혜의 기름은 한 방울도 없습니다. 여러분은 손에 성경을 들고 입으로 그리스도의 이름을 부르며 지옥으로 갈 것입니다. 땅에서는 여러분이 위선자라는 것을 아무도 모를지 모릅니다. 여러분은 사람들의 사랑과 존경과 경청을 받으며 저주받은 자들이 사는 곳으로, 위선자들이 있는 곳으로, 영원한 지옥의 가장 낮은 곳으로 서둘러 가고 있는지 모릅니다.

8

그리스도로 말미암아 율법에 대하여
죽임을 당하였으니

8. 그리스도로 말미암아 율법에 대하여 죽임을 당하였으니

> 그러므로 내 형제들아 너희도 그리스도의 몸으로 말미암
> 아 율법에 대하여 죽임을 당하였으니 이는 다른 이 곧 죽은
> 자 가운데서 살아나신 이에게 가서 우리가 하나님을 위하
> 여 열매를 맺게 하려 함이라(롬 7:4).

이것은 성경에서 가장 놀라운 구절 가운데 하나입니다. 이
구절은 용서와 거룩함에 이르는 길을 놀라운 방식으로 보
여 줍니다. 여러분 중에 많은 사람이 이 말씀으로 회심하
는 복을 얻기를 빕니다.

1. 죄인은 율법과 결혼한 상태로 태어납니다.

이 구절에서 이것을 암시하고 있습니다. 우리는 이런 상

태로 태어나고, 그리스도 밖에 있는 이상 이 상태에 머물러 있습니다. 아내가 남편이 살아 있는 동안 남편에게 매여 있고, 남편에게 져야 할 의무가 있듯이, 죄인도 하나님의 율법에 져야 할 의무가 있습니다. 누구든지 두 가지 면에서 율법 아래 태어납니다.

1) 율법의 요구 아래

하나님의 율법은 양심과 성경에 쓰여 있습니다. 누구든지 거기서 율법의 요구를 읽을 수 있습니다.

2) 율법의 저주 아래

모든 사람은 죄인으로 태어납니다. 아담의 죄책을 안은 채로, 그 가슴속에 온갖 부패의 씨앗을 간직한 채로 태어납니다. 그래서 율법의 저주 아래 있고, 날마다 이 저주 아래로 점점 더 끌려 들어갑니다.

회심하지 않은 사람은 모두 이렇게 "종의 멍에"(갈 5:1)를 메고 있습니다. 자기 스스로 이 멍에를 벗을 수 없습니다. 많은 죄인이 율법의 멍에를 떨쳐내기를 바라지만, 떨쳐내지 못합니다. 아내는 남편이 살아 있는 동안 남편에게 매여 있고, 죄인은 율법이 살아 있는 동안 율법에 매여 있습니다.

많은 죄인이 자기가 짊어진 율법을 잊으려고 애씁니다. 먼저, 율법의 요구를 잊습니다. 그래서 마치 율법 아래 있지 않은 것처럼 허랑방탕하게 재산을 낭비하고(눅 15:13), 하나님이 "안식일을 기억하……라"(출 20:8)고 하신 적이 없는 것처럼 안식일을 어깁니다.

또 율법의 저주도 잊습니다. 그래서 죄 가운데서도 행복해하고 웃음 짓고 즐거워합니다. 그렇다고 하더라도 율법과 이혼한 것은 아닙니다. 못된 남편을 둔 아내는 자기에게 남편이 있다는 사실을 애써 잊으려 하고, 남편이 집을 떠나 있는 동안에는 자기 처지가 행복하다고 착각하며 즐거워할 수도 있습니다. 그러다가 남편이 집에 돌아오면, 꿈에서 깹니다. 마찬가지로 죄인도 자기가 율법 아래 있다는 것을 잊을 수 있습니다. 그러나 율법이 집에 돌아오면, 이내 자기가 율법의 모든 요구와 모든 저주 아래 있다는 것을 실감할 것입니다.

여러분에게 율법이 올 날, 여러분이 멸망할 영혼이라는 사실이 드러날 날이 다가오고 있습니다. "전에 율법을 깨닫지 못했을 때에는 내가 살았더니 계명이 이르매 죄는 살아나고 나는 죽었도다"(롬 7:9).

2. 율법과 한 결혼은 깰 수 없습니다.

부부 관계는 보통 한쪽이 죽어야만 끝이 납니다. 남편이 죽거나 아내가 죽어야 끝납니다(롬 7:2-3). 결혼할 때 남편과 아내는 서로 손을 마주 잡고, 죽음이 서로를 갈라놓을 때까지 기쁠 때나 슬플 때나 넉넉할 때나 어려울 때나 서로에게 매여 살 것을 약속합니다. 이것이 뜻하는 바는, 이들의 부부 관계가 죽음으로만 끊어진다는 것입니다. 죄인과 율법의 관계도 마찬가지입니다. 율법이 죽거나 죄인이 죽어야만 이 연합을 깰 수 있습니다. 율법은 죄인을 꼭 붙잡고, 죽음이 서로를 갈라놓을 때까지 죄인을 놓아주지 않을 것입니다.

하나님의 율법이 죽는다면, 죄인은 자유를 얻을 수 있을 것입니다. 하지만 율법은 죽을 수 없습니다. 영원부터 영원까지 있습니다. 살아 계신 하나님이 죽으실 수 없는 한, 율법도 죽을 수 없습니다. 율법은 영원부터 하나님 마음에 새겨져 있었고, 거기서 다가올 영원까지 빛납니다. 율법은 죽을 수 없습니다.

아니면 죄인이 죽을 때, 죄인은 자유를 얻을 것입니다. 아, 그런데 율법이 죄인에게 요구하는 죽음은 몸만 죽는 것이 아니라 영혼까지 죽는 영원한 죽음입니다. 끝없이 죽을 죽음입니다. 율법이 죄인을 붙잡을 때, 율법은 영원토록 죽이고 또 죽입니다.

해결책은 하나뿐입니다. 누군가가 우리를 대신해 죽어야 합니다! "하나님이 세상을 이처럼 사랑하사 독생자를 주셨으니"(요 3:16). 하나님의 아드님이 우리 본성을 입으셨습니다. "하나님이 그 아들을 보내사 여자에게서 나게 하시고 율법 아래 나게 하신 것은 율법 아래 있는 자들을 속량하……려 하심이라"(갈 4:4-5). 하나님의 아드님이 자진하여 우리 자리로 찾아오셨습니다. 그분은 하나님다우신 온전함으로 율법의 모든 요구에 순종하셨습니다. 무한한 공의가 '이만하면 되었다'고 할 때까지 율법의 무한한 저주를 다 받으셨습니다. 그래서 이제 모든 믿는 사람은 그리스도의 몸으로 말미암아 율법에 대하여 죽임을 당했습니다.

아, 형제 여러분, 하나님의 성령을 부음 받고 못 박히신 임마누엘과 하나 되셨습니까? 하나님의 독생자를 여러분의 보증인으로 받아들이셨습니까? 그렇다면 여러분은 그리스도의 몸으로 말미암아 율법에 대해서 죽임을 당했습니다. 여러분은 '내가 그리스도와 함께 십자가에 못 박혔다'고 말할 수 있습니다(갈 2:20). 율법이 더는 여러분을 정죄하려고 여러분을 사로잡지 않습니다. 율법이 여러분에게 그 요구 사항을 내밀면서 '하나님 앞에서 의로우려면 이 요구에 복종해야 한다'고 할 때, 여러분은 '그리스도께서 나에게 의를 이루기 위하여 율법의 마침이 되셨다(롬 10:4). 그리스도께서 율법을 크고 존귀하게 하셨고, 하나님께서 그리스도의 의로 말미암아 나를 기뻐한다고 하셨다(사 42:21, KJV)'고 대답할 수 있습니다.

또 율법이 "율법 책에 기록된 대로 모든 일을 항상 행하지 아니하는 자는 저주 아래에 있는 자라"(갈 3:10)고 하며 여러분을 저주할 때, 여러분은 '그리스도께서 나 대신 저주가 되셔서 나를 율법의 저주에서 구속해 주셨다. 나는 한때 불화살을 맞을 처지에 있었지만 이제는 그리스도의 몸으로 말미암아 율법에 대해 죽임을 당했다'고 말할 수 있습니다. 이것이 복음이 주는 평강과 자유입니다. "그리스도께서 우리를 자유롭게 하려고 자유를 주셨으니 그러므로 굳건하게 서……라"(갈 5:1).

3. 영혼은 부활하신 구주와 재혼합니다.

재혼은 본남편이 죽고 나서만 합법입니다(롬 7:3). 영혼과 그리스도의 재혼도 마찬가지입니다. 죄인이 율법의 저주 아래 있을 때는 살아 계신 구주와 하나 될 수 없고, 하나님을 위하여 열매 맺을 수 없습니다. 의롭다 하심을 받지 못한 영혼은 언제나 거룩하지 않은 영혼입니다. 그러나 이 영혼이 성령으로 말미암아 못 박히신 그리스도께 매달리게 되고, 그래서 그리스도의 죽으심으로 율법과 갈라설 때는 언제든지 주 예수, 부활하신 구주와 하나 됩니다.

여기에 성경 전체에서 가장 놀라운 선언이 하나 있습니다. 곧, 흙바닥을 기던 벌레가 죽은 자 가운데서 다시 살아나서 하나님 우편에 앉아 계신 그분과 하나 된다는 것입니다. 영광을 받으신 예수님, 십자가에 달리신 그리스도, 보좌에 앉으신 그리스도와 하나 되는 것은 달콤한 일입니다. 이것이 하신 약속입니다. "이는 너를 지으신 이가 네 남편이시라 그의 이름은 만군의 여호와이시며"(사 54:5). 자, 그리스도의 멍에는 쉽고 그 짐은 가볍습니다(마 11:30).

1) 이 관계에 담긴 놀라운 주권

남편은 자기가 원하는 사람을 아내로 고릅니다. 이 고귀한 연합에서도 마찬가지입니다. 하나님의 아드님은 창세 전에 자기 신부를 고르셨습니다. 그런데 누구를 고르셨습니까? 자기가 손수 지으신 천사들, 아무 흠 없이 조금은 사랑할 만하게 지으신 거룩한 천사들을 고르지 않으셨습니다. 귀신들, 타락한 천사들을 고르신 것도 아니었습니다. 이들을 얼마든지 정당하게 구속하시고 자신과 영원토록 하나 되게 하실 수 있었지만, 이들도 고르지 않으셨습니다. 또 모든 사람이 멸망할 처지에, 자신의 저주 아래 있었지만, 모든 사람을 고르지도 않으시고, 몇몇 사람, 적은 무리, 그 가운데 많은 사람이 죄인 중 괴수인 자들을 고르셨습니다. 아, 도대체 왜 우리한테 오셨는가 하는 것은 천사들과 구속받은 사람들이 영원토록 놀라워할 일입니다 "왕비가 육십 명이요 후궁이 팔십 명이요 시녀가 무수하되 내 비둘기, 내 완전한 자는 하나뿐이로구나"(아 6:8-9). "여자들 중에 내 사랑은 가시나무 가운데 백합화 같도다"(아 2:2).

우리 안에 선한 것이 전혀 없는데도 하나님이 우리를 사랑하시는 것은, 다만 곤고한 죄인을 구원하시는 데서 하나님이 무슨 일을 하실 수 있는지 보여 주는 기념비로 삼으시기 위해서입니다. 아, 예수님의 신부가 되려고 오지 않는 불쌍한 죄인 여러분, 여러분은 이 놀라운 행복을 얼마나 잘 모르십니까?

2) 이 관계에 담긴 사랑

결혼은 사랑이 그 밑바탕을 이루는데, 이 결혼은 하늘의 뜨거운 사랑이 그 밑바탕을 이루고 있습니다. 이 사랑은 영원 전에 시작되었습니다. 아니, 시작이 없었습니다.

하나님의 독생자께서는 타락으로 말미암은 모든 죄와 비참에도, 사람의 모든 원 부패와 실제 부패에도 자기 백성을 미리 아시고 사랑하셨습니다. 이들 안에 예쁜 구석이 있거나 예쁜 구석이 생길 것이어서 사랑하신 것이 아니라, 순전히 값없는 은혜로 사랑하셨습니다.

—

9

믿는 사람은 하나님의 법을 즐거워하나니

—

9. 믿는 사람은 하나님의 법을 즐거워하나니

내 속사람으로는 하나님의 법을 즐거워하되 내 지체 속에
서 한 다른 법이 내 마음의 법과 싸워 내 지체 속에 있는 죄
의 법으로 나를 사로잡는 것을 보는도다 오호라 나는 곤고
한 사람이로다 이 사망의 몸에서 누가 나를 건져내랴 우리
주 예수 그리스도로 말미암아 하나님께 감사하리로다 그
런즉 내 자신이 마음으로는 하나님의 법을 육신으로는 죄
의 법을 섬기노라 (롬 7:22-25).

믿는 사람은 '어떤 기쁨과 평강을 누리는가'로만 아니라,
'어떤 싸움과 고민을 하는가'로도 알아볼 수 있습니다. 믿
는 사람이 누리는 평강은 남다릅니다. 이것은 그리스도에
게서 나오고, 하늘에 속한 거룩한 평강입니다. 믿는 사람

이 하는 싸움도 남다릅니다. 이것은 마음속 깊숙한 데서 벌어지고, 죽을 때까지 끝나지 않는 아주 괴로운 싸움입니다. 주님이 뜻하신다면, 우리 가운데 많은 사람이 다음 주일에 주님의 식탁에 앉기를 기대할 것입니다. 그 자리에 앉기 전에 답해야 할 큰 물음은 이것입니다. '나는 그리스도께로 피했는가, 피하지 않았는가?'

내가 알고 싶은 한 가지,

이것이 자꾸 내 마음을 괴롭히는구나

나는 주님을 사랑하는가 사랑하지 않는가

나는 주님 것인가 아닌가

저는 여러분이 이 의문을 푸는 데 도움을 주려고 그리스도인의 싸움이라는 주제를 골랐습니다. 이것으로 여러분이 그리스도의 군사인지, 여러분이 정말 믿음의 선한 싸움을 싸우고 있는지 알 수 있을 것입니다.

1. 믿는 사람은 하나님의 법을 즐거워합니다. "내 속 사람으로는 하나님의 법을 즐거워하되."

1) 우리가 그리스도께 오기 전에는 하나님의 법을 싫어하고, 온 영혼으로 하나님의 법에 반기를 듭니다. "육신의 생각은 하나님과 원수가 되나니"(롬 8:7). ① 회심하지 않은 사람은 하나님의 법을 그 순수함 때문에 싫어합니다. "주의 말씀이 심히 순수하므로 주의 종이 이를 사랑하나이다"(시 119:140). 세상 사람도 마찬가지 이유로 하나님의 법을 싫어합니다. 율법은 하나님의 순수하고 거룩한 마음의 숨결입니다. 율법은 모든 죄와 더러움을 한없이 반대합니다. 율법 한 줄 한 줄이 다 죄를 반대합니다. 그런데 육신에 속한 사람은 죄가 좋으니까 율법이 싫은 것입니다. 자기가 좋아하는 것을 율법이 모조리 반대하니까 율법을 싫어합니다. 박쥐가 빛이 싫어서 빛을 피해 날아가듯이, 회심하지 않은 사람은 율법의 순수한 빛이 싫어서 이 빛을 피해 달아납니다. ② 그 넓이 때문에 싫어합니다. "주의 계명들은 심히 넓으니이다"(시 119:96). 하나님의 법은 겉으로 드러나는 모든 행동(눈에 띄거나 띄지 않거나 상관없이)에 미칩니다. 사람들이 하는 온갖 쓸데없는 소리에 미치고, 사람

들의 눈빛에 미칩니다. 또 사람들의 마음속 가장 깊은 굴에 뛰어들어, 거기에 자리 잡은 죄와 정욕의 가장 은밀한 샘을 정죄합니다. 회심하지 않은 사람은 그 엄격함 때문에 하나님의 법과 다툽니다. 하나님의 법이 겉으로 드러나는 행동에만 미친다면 견딜 수 있겠지만, 자기도 막을 수 없는 가장 은밀한 생각과 욕구까지 정죄하니까, 율법에 반기를 드는 것입니다. ③ 그 불변함 때문에 싫어합니다. 천지가 없어져도 율법은 일점일획도 결코 없어지지 않을 것입니다(마 5:18). 율법이 달라지거나 그 요구의 벽이 낮아진다면, 경건하지 않은 사람은 아주 좋아할 것입니다. 그렇지만 율법은 하나님처럼 불변합니다. 변함도 없으시고 회전하는 그림자도 없으신 하나님 마음에 새겨져 있기 때문입니다(약 1:17). 하나님이 변하지 않으시는 한, 율법도 변할 수 없습니다. 율법의 요구와 저주는 영원한 지옥에도 그대로 있을 것입니다. 하나님의 법은 변하지 않는 법입니다. 하나님이 변하지 않는 하나님이신 까닭입니다. 그래서 경건하지 않은 사람들도 이 거룩한 율법을 변함없이 싫어합니다.

2) 그리스도께 올 때, 이 모든 것이 달라집니다. 이제 '내

속 사람으로는 하나님의 법을 즐거워한다'고 말할 수 있습니다. 다윗과 함께 "내가 주의 법을 어찌 그리 사랑하는지요 내가 그것을 종일 작은 소리로 읊조리나이다"(시 119:97)고 말할 수 있고, 예수님과 함께 "나의 하나님이여 내가 주의 뜻 행하기를 즐기오니 주의 법이 나의 심중에 있나이다"(시 40:8)고 말할 수 있습니다.

그 까닭은 두 가지입니다.

첫째, 율법이 더는 원수가 아니기 때문입니다. 여러분 중에 자신이 지은 무한한 죄와 자신이 어긴 율법의 저주를 깨닫고 벌벌 떠는 사람이 있다면, 그리스도께 피하십시오. 그러면 안식을 얻을 것입니다. 그리스도께서 죄인들의 보증인으로 율법의 요구를 온전히 만족시키셨고 율법의 저주를 온전히 담당하셨다는 것을 알게 될 것이고, "그리스도께서 우리를 위하여 저주를 받은 바 되사 율법의 저주에서 우리를 속량하셨으니 기록된 바 나무에 달린 자마다 저주 아래에 있는 자라 하였음이라"(갈 3:13)고 말할 수 있을 것입니다. 그렇다면 여러분은 이 무시무시하게 거룩한 율법을 더는 두려워하지 않아도 됩니다. 율법 아래 있지 않고 은혜 아래 있기 때문입니다(롬 6:14). 이 율법을 심판 날

이후에 두려워하지 않아도 될 만큼 두려워하지 않아도 됩니다. 심판 날 이후의 구원받은 영혼을 떠올려 보십시오. 죽은 자가 큰 자나 작은 자나 크고 흰 보좌 앞에 서고(계 20:11-12), 회심하지 않은 모든 사람에게 영원한 재앙이 선고되어 이들이 결코 꺼지지 않는 불못에 빠지는 그 끔찍한 현장을 지날 때, 구속받은 영혼은 '나는 이 거룩한 율법을 두려워하지 않아도 된다. 나는 그 대접이 쏟아진 것을 봤다. 그런데 나한테는 한 방울도 떨어지지 않았다'고 말하지 않겠습니까? 아, 예수님을 믿는 여러분, 여러분도 지금 똑같이 말할 수 있습니다. 하나님께 벼락을 맞아 흉터 난 그리스도의 영혼과 죄 때문에 찔린 그리스도의 몸을 볼 때, 여러분은 '그리스도께서 나를 위하여 저주를 받으셨다. 그런데 내가 왜 이 거룩한 율법을 두려워해야 하는가' 하고 말할 수 있습니다.

둘째, 하나님의 성령께서 율법을 마음에 기록하시기 때문입니다. 하나님은 약속하셨습니다. "그 날 후에······내가 나의 법을 그들의 속에 두며 그들의 마음에 기록하여 나는 그들의 하나님이 되고 그들은 내 백성이 될 것이라 여호와의 말씀이니라"(렘 31:33). 율법을 두려워하는 마음은 그리스도께 올 때 사라지지만, 율법을 좋아하는 마음은 마음속에 들어오시는 성령님이 주십니다. 성령님은 우리 마음을 보고 더는 놀라서 떠나지 않으시고, 오셔서 부드럽게 하십니다. 돌 같은 마음을 제거하시고 살처럼 부드러운 마음을 주십니다(겔 11:19). 그리고 거기에 하나님의 거룩하고 거룩하고 거룩한 율법을 기록하십니다. 그러면 이 영혼은 하나님의 법을 달게 여기고, 마음으로 기뻐하게 됩니다. "율법은 거룩하고 계명도 거룩하고 의로우며 선하도다"(롬 7:12). 이제 자신의 모든 생각과 말과 행동이 이 율법에 어긋나지 않기를 진심으로 바랍니다. "내 길을 굳게 정하사 주의 율례를 지키게 하소서……주의 법을 사랑하는 자에게는 큰 평안이 있으니 그들에게 장애물이 없으리이다"(시 119:5, 165). 시편 119편은 새 마음의 호흡이 됩니다. 그리고 또 온 세상이 이 순수하고 거룩한 율법에 복종하는 것을 보고 싶어 합니다. "그들이 주의 법을 지키지 아니하므로 내 눈물이 시냇물 같이 흐르나이다"(시 119:136). '아, 온 세상이 거룩이 곧 행복이라는 사실을 안다면 얼마나 좋을까! 아, 온 세상이 거룩한 한 식구처럼 복음의 순결한 법칙을 즐거이 따른다면 얼마나 좋을까!' 이것으로 여러분 자신을 시험해 보십시오. 여러분은 하나님의 법을 즐거워한다고 할 수 있습니까? 여러분, 하나님의 법을 싫어했던 때를 기억하십니까? 이제 하나님의 법을 좋아하십니까? 여러분은 하나님이 거룩하신 것처럼 거룩하게, 그리스도가 순결하신 것처럼 순결하게 하나님의 법을 온전히 따라 살 날을 기다리십니까?

아, 죄인 여러분, 와서 여러분의 마음을 그리스도께 넘겨드리십시오! 그래서 그리스도께서 당신의 거룩한 율법을 여러분 마음에 기록하시게 하십시오. 마귀의 율법은 여러분 마음에 새겨져 있을 만큼 새겨져 있었습니다. 예수님께 오십시오. 그러면 여러분을 율법의 저주에서 보호하시고, 여러분에게 성령을 주셔서 여러분 마음에 이 거룩한 율법을 모두 기록하게 하실 것입니다. 여러분이 이 율법을 영혼 깊이 좋아하게 해 주실 것입니다. 예수님께 약속하신 것을 달라고 간구하십시오. 여러분은 죄가 주는 즐거움을 누릴 만큼 누렸습니다. 이제 와서 거룩함이 주는 즐거움, 새 마음에서 오는 즐거움을 누리십시오.

여러분이 지금 그 마음 그대로 죽는다면, 여러분 마음에는 영원토록 악한 마음이 찍히고 말 것입니다. "불의를 행하는 자는 그대로 불의를 행하고 더러운 자는 그대로 더럽고"
(계 22:11). 아, 죽기 전에 와서 새 마음을 얻으십시오. 거듭나
지 않으면 하나님 나라를 볼 수 없기 때문입니다(요 3:3).

2. 참된 신자는 자기 지체 속에 대립하는 법이 있음을 느낍니다.

"내 지체 속에서 한 다른 법……을 보는도다." 죄인이 처음
그리스도께 올 때, '이제 죄하고 영원히 작별 인사를 하겠
지. 이제 다시는 죄를 짓지 않겠지' 하고 자주 생각합니다.
벌써 천국 문에 이른 것처럼 느낍니다. 그러나 이내 유혹
의 작은 숨결이 그의 마음을 들추어내고, 죄인은 '내 속에
또 다른 법이 있구나' 하고 외칩니다.

　1) 바울이 이것을 뭐라고 하는지 잘 보십시오. 먼저, "한
다른 법", 곧 하나님의 법과 사뭇 다르고, 하나님의 법과
아주 대치되는 법이라고 말합니다. 25절에서는 "죄의 법",
곧 죄를 지으라고 명령하는 법, 상급과 위협으로 죄를 부
추기는 법이라 말하고, 또 8장 2절에서는 "죄와 사망의
법", 곧 죄에 이르게 할 뿐 아니라, 사망, 영원한 사망에 이
르게 하는 법이라 말합니다. "죄의 삯은 사망이요"(롬 6:23).
이것은 갈라디아서에서 "육체"라고 하는 바로 그 법입니

다. "육체의 소욕은 성령을 거스르고"(갈 5:17). 에베소서에서 "옛 사람"이라고 하는 바로 그것입니다. "너희는 유혹의 욕심을 따라 썩어져 가는……옛 사람을 벗어 버리고"(엡 4:22). 골로새서에서 "너희 지체"라고 하는 바로 그 법입니다. "땅에 있는 (너희) 지체를 죽이라"(골 3:5). 또 24절에서 "사망의 몸"이라고 하는 그것입니다. 그러니까 사실은 믿는 사람의 마음속에 옛 사람 또는 옛 본성의 지체와 몸이 그대로 남아 있다는 것입니다. 이제껏 세상을 오염시킨 모든 죄의 샘이 남아 있습니다.

2) 또 이 법이 무엇을 하고 있는지 잘 보십시오. "내 마음의 법과 싸워." 지체 속에 있는 이 법은 가만히 쉬는 것이 아니라, 싸웁니다. 쉴 새 없이 싸웁니다. 믿는 사람의 가슴속에는 절대로 평화가 있을 수 없습니다. 하나님과는 평화롭지만, 죄와는 끊임없이 싸웁니다. 지체 속에 있는 이 법은 그 아래 정욕의 부대를 거느리고서 하나님의 법과 끊임없이 싸웁니다. 실제로 부대가 매복해 있을 때 유리한 순간이 올 때까지 숨죽이고 기다리는 것처럼, 마음속 정욕도 자주 유혹의 순간까지 숨죽이고 기다리다가 영혼과 맞서 싸웁니다. 마음은 연기만 살살 내뿜으며 내내 잠자코 있다

가 이내 또 폭발하고 마는 화산과 같습니다. 믿는 사람의 영혼에는 두 큰 용사가 있습니다. 한편에는 육체와 그 모든 정욕을 거느리는 사탄이 있고, 다른 한편에는 새로 지음 받은 모든 것을 거느리시는 성령이 계십니다. "육체의 소욕은 성령을 거스르고 성령은 육체를 거스르나니 이 둘이 서로 대적함으로 너희가 원하는 것을 하지 못하게 하려 함이니라"(갈 5:17).

사탄이 늘 성공을 거둘까요? 하나님은 그 깊으신 지혜로 지체 속의 법이 때때로 영혼을 사로잡게 하십니다. 노아는 완전한 사람이었고 하나님과 동행한 사람이었지만(창 6:9), 이 법에 사로잡혔습니다. "(노아가) 포도주를 마시고 취하여"(창 9:21). 아브라함은 "하나님의 벗"(약 2:23)이었지만, 자기 아내 사라를 자기 누이라고 속였습니다. 욥은 온전한 사람이었고, 하나님을 경외하며 악을 미워한 사람이었지만(욥 1:1), 자기가 태어난 날을 저주했습니다(욥 3:1). 모세도, 다윗도, 솔로몬도, 히스기야도, 베드로도, 사도들도 다 마찬가지였습니다.

① 여러분은 이 싸움을 경험해 보셨습니까? 이것은 하나님 자녀의 뚜렷한 표지입니다. 여러분 중에 이것을 느껴

본 사람이 거의 없을까 봐 두렵습니다. 제 말을 오해하지 마십시오. 여러분은 여러분의 타고난 양심과 하나님의 법이 이따금 싸우는 것을 다 느껴 보았습니다. 그러나 이것은 믿는 사람이 느끼는 갈등이 아닙니다. 제가 말하는 싸움은 마음속에 계신 하나님의 영과 옛 사람과 그 행실 간의 싸움입니다.

② 여러분 중에 이 싸움에 시달려 탄식하는 사람이 있다면, 이것으로 겸손해지는 법을 배우십시오. 그러나 낙심하지는 마십시오.

첫째, 그 아래서 겸손해지십시오. 이 싸움은 여러분을 흙바닥에 넘어뜨려 여러분이 벌레에 지나지 않는다는 사실을 느끼게 하려고 있는 것입니다. 아, 여러분은 얼마나 추악한 인간입니까! 용서를 받고 성령을 받고 나서도 여전히 마음속에서 온갖 악이 샘솟으니 말입니다! 하나님께 가장 엄숙하게 나아갈 때에도, 하나님의 집에서도, 무릎을 꿇고 임종을 지킬 때처럼 더없이 가슴 아린 상황에서도, 옛 본성의 모든 지체가 여러분 가슴속에 그대로 있으니 말입니다. 이것으로 더욱 납작 엎드리십시오.

둘째, 예수님이 필요하다는 것을 배우십시오. 예수님의

피는 처음에만 필요한 것이 아닙니다. 여러분은 하나님 앞에 결코 홀로 설 수 없습니다. 여러분은 거듭거듭 씻으러 가야 합니다. 죽음을 앞두고 침상에 누워서도 여러분은 "여호와 우리의 의"(렘 23:6, 개역한글) 아래 숨어야 합니다. 여러분은 또 예수님께 기대야 합니다. 예수님만이 여러분 안에서 이기실 수 있습니다. 날마다 더 가까이, 가까이 가십시오.

셋째, 낙심하지 마십시오. 예수님은 여러분 같은 사람의 구주가 되어 주기를 바라십니다. 예수님은 여러분을 온전히 구원하실 수 있습니다(히 7:25). 여러분, 그리스도께서 구원하시기에 여러분의 상태가 너무 나쁘다고 생각하십니까? 그리스도께서 구원하신 사람들은 하나같이 여러분과 똑같은 마음을 가지고 있었습니다. 믿음의 선한 싸움을 싸우십시오(딤전 6:12). 영생을 붙드십시오. 에드워즈 Jonathan Edwards처럼 "아무리 이루기 어렵더라도, 나의 부패와 싸우는 일을 절대로 멈추지 말고, 조금도 늦추지 말자"고 다짐하십시오. "이기는 자는 내 하나님 성전에 기둥이 되게 하리니"(계 3:12).

3. 이 싸움을 하는 동안 믿는 사람이 느끼는 감정

1) 곤고함을 느낍니다. "오호라 나는 곤고한 사람이로다."
이 세상에 믿는 사람만큼 행복한 사람은 없습니다. 예수님
께 와서 안식을 찾았고, 그리스도 안에서 모든 죄를 용서
받았고, 자녀로서 하나님께 가까이 가고, 그 안에 성령님
이 계시고, 영광을 소망하고, 아무리 끔찍한 일이 생겨도
하나님이 함께 계심을 느껴 차분할 수 있습니다. 그런데
도 "오호라 나는 곤고한 사람이로다!" 하고 외칠 때가 있습
니다. 자기 마음에 재앙을 깨닫고(왕상 8:38), 육체의 가시
를 느끼고(고후 12:7), 자기 마음의 악함이 모든 무시무시한
악독과 함께 드러날 때, "오호라 나는 곤고한 사람이로다!"
하고 외치며 앓아눕습니다. 이렇게 곤고함을 느끼는 까닭
하나는 마음속에서 드러난 죄가 용서에 대한 확신을 앗아
가기 때문입니다. 죄책감이 양심을 사로잡고, 먹구름이 영
혼을 덮습니다. '아아, 나는 죄를 짓고 내 구주를 떠났다.
그런데 어찌 그리스도께 돌아갈 수 있단 말인가?' 하고 외
칩니다. 또 다른 까닭은 죄가 너무 싫기 때문입니다. 마치
마음속에 독사가 있는 것 같습니다. 육신에 속한 사람은
죄 때문에 자주 곤고함을 느끼지만, 절대로 죄를 혐오하는

법이 없습니다. 그러나 새로운 피조물은 죄가 정말 추악해 보입니다. 아, 형제 여러분, 믿는 사람의 곤고함을 조금이라도 아십니까? 모른다면, 여러분은 믿는 사람의 기쁨을 절대로 모를 것입니다. 믿는 사람의 한숨과 눈물을 모른다면, 믿는 사람의 승전가를 절대로 모를 것입니다.

　2) 구원을 찾습니다. "이 사망의 몸에서 누가 나를 건져내랴?" 옛날 임금 중에는 죄수들에게 시체를 매달아 두는 폭군들이 있었습니다. 그래서 이 죄수들은 가는 곳마다 썩은 송장을 매달고 다녀야 했습니다. 흔히들 바울이 여기서 이 사람답지 못한 관행을 암시한다고 믿습니다. 바울은 자신의 옛 사람을 자기가 줄곧 매달고 다니는 고약하고 썩은내 나는 송장처럼 느꼈습니다. 바울의 간절한 바람은 거기서 벗어나는 것입니다. "이 사망의 몸에서 누가 나를 건져내랴?" 여러분도 기억하시다시피 하나님께서 언젠가 자기 종을 괴롭히시려고 그 육체에 가시, 곧 그를 치는 사탄의 사자를 허락하시자, 바울은 무릎을 꿇을 수밖에 없었습니다. "이것이 내게서 떠나가게 하기 위하여 내가 세 번 주께 간구하였더니"(고후 12:8). 아, 이것이 하나님 자녀의 참된 표입니다! 세상도 옛 본성이 있습니다. 다 하나같이 옛

사람입니다. 그런데 이것이 무릎 꿇게 하지 않습니다. 사랑하는 영혼들이여, 여러분은 어떻습니까? 마음속에서 느끼는 부패가 여러분을 은혜의 보좌로 끌고 갑니까? 이것이 주의 이름을 부르게 합니까? 끈질긴 과부처럼 "내 원수에 대한 나의 원한을 풀어 주소서"(눅 18:3) 하고 조르게 합니까? 한밤중에 가서 떡 세 덩이를 꾸는 사람처럼 만듭니까(눅 11:5)? 가나안 여인처럼 예수님께 울부짖게 만듭니까(마 15:22)? 아, 잊지 마십시오! 여러분 속에서 정욕이 막 살아서 꿈틀거리는데도 마음 편히 누워 있을 수 있다면, 여러분은 그리스도의 사람이 아닙니다.

3) 이기게 하심에 감사합니다. 참으로 우리는 우리를 사랑하시는 이로 말미암아 넉넉히 이깁니다(롬 8:37). 싸움이 끝나기도 전에 감사할 수 있기 때문입니다. 네, 싸움이 한창 치열하게 벌어질 때에도 우리는 예수님을 우러러보며 "하나님께 감사하리로다!" 하고 외칠 수 있습니다. 부패에 짓눌려 탄식하는 영혼이 예수님을 쳐다보는 순간, 탄식은 찬송의 노래로 바뀝니다. 여러분은 예수님에게서 여러분의 모든 죄책을 씻는 샘을 발견합니다. 여러분을 끝까지 붙드시는 넉넉한 은혜를 발견하고, 머지않아 죄를 아주 뿌

리 뽑으시겠다는 확실한 약속을 발견합니다. "너는 두려워하지 말라 내가 너를 구속하였고 내가 너를 지명하여 불렀나니 너는 내 것이라"(사 43:1). 아, 이것이 우리의 탄식을 찬송의 노래로 바꿉니다! 시편에 탄식으로 시작해서 찬송으로 끝나는 시가 얼마나 많습니까! 이것은 주의 모든 백성이 날마다 겪는 체험입니다. 여러분도 날마다 이것을 체험하십니까? 이것으로 자신을 시험해 보십시오. 아, 여러분이 믿는 사람이 부르는 찬송의 노래를 모른다면, 여러분은 결코 이 찬송의 노래와 함께 예수님 발 앞에 여러분의 관을 드리지 못할 것입니다! 사랑하는 성도 여러분, 여러분에게 그리스도의 능력이 머물도록 여러분의 약한 것들을 자랑하는 데 만족하십시오(고후 12:9). 어린양께 영광, 영광, 영광을!

누가 우리를 그리스도의 사랑에서 끊으리요

10. 누가 우리를 그리스도의 사랑에서 끊으리요[14]

누가 우리를 그리스도의 사랑에서 끊으리요 환난이나 곤고나 박해나 기근이나 적신이나 위험이나 칼이랴 기록된 바 우리가 종일 주를 위하여 죽임을 당하게 되며 도살 당할 양 같이 여김을 받았나이다 함과 같으니라 그러나 이 모든 일에 우리를 사랑하시는 이로 말미암아 우리가 넉넉히 이기느니라(롬 8:35-37).

이 단락에는 크게 눈여겨볼 만한 세 가지 물음이 나옵니다. 첫째, "누가 능히 하나님께서 택하신 자들을 고발하리요"(롬 8:33)? 바울은 선고하는 사람처럼 나와 서서 거룩한 천사들을 올려다보고, 참소하는 귀신들을 내려다보고, 얼

---

14 1841년 10월 30일, 던디에서 성찬식 전에 한 설교.

굴을 잔뜩 찌푸린 세상을 둘러보고, 양심을 들여다보며, 이렇게 묻습니다. '누가 능히 하나님이 택하시고 그리스도가 씻으신 사람들을 고발하리요? 의롭다 하신 이는 하나님이시다. 거룩하신 하나님이 믿는 사람은 온 몸이 깨끗하다고 선언하셨다(요 13:10).' 둘째, "누가 정죄하리요"(롬 8:34)? 바울은 또 보통법과 형평법을 훤히 아는 세상의 모든 재판관을 둘러보고, 사람을 뛰어넘는 눈으로 하나님의 의로운 통치를 깊고 멀리 꿰뚫어 보는 거룩한 천사들을 쳐다보고, 정의를 행하셔야 하는 만민의 심판자(창 18:25), 그 길이 공평하고 완전히 의로운 하나님을 우러러보며, 이렇게 묻습니다. '누가 정죄하리요? 죽으신 이는 그리스도시다. 그리스도께서 한 푼도 남김없이 다 갚으셨다. 그러니 모든 재판관은 이제 결코 정죄함이 없다고 외쳐야 한다.' 셋째, "누가 우리를 그리스도의 사랑에서 끊으리요"(롬 8:35)? 바울은 또 모든 피조 세계를 둘러봅니다. 가장 힘센 천사장들을 보고, 마귀 같은 힘을 지닌 군대 귀신, 잔뜩 화가 나 하나님께 달려드는 세상, 한데 힘을 합친 모든 피조물을 봅니다. 그러고 나서 예수님 팔에 안긴 죄인들을 보며, 이렇게 외칩니다. '누가 우리를 그리스도의 사랑에서 끊으리요? 천하만국이 힘을 다 합쳐도 못 끊는다. 예수님이 만물보다 크시기 때문이다.' "우리를 사랑하시는 이로 말미암아 우리가 넉넉히 이기느니라."

그리스도의 사랑! 바울은 이 사랑이 지식을 뛰어넘는다고 말합니다(엡 3:18). 이 사랑은 파란 하늘과 같이 우리 눈으로 뚜렷이 볼 수 있지만 그 어마어마한 크기를 잴 수 없습니다. 깊고 깊은 바다와 같이 그 속을 살짝 들여다볼 수 있지만 그 깊이를 헤아릴 수 없습니다. 그 너비는 한이 없고, 그 길이는 끝이 없고, 그 높이는 꼭대기가 없고, 그 깊이는 바닥이 없습니다. 하나님의 일을 그토록 깊이 배우고, 셋째 하늘에 이끌려 가고(고후 12:2), 예수님의 영화로운 얼굴을 본 거룩한 바울이 이렇게 말했다면, 초라하고 연약한 신자인 우리는 그 사랑을 들여다보고 더욱 지식을 뛰어넘는다고 말해야 하지 않겠습니까?

오늘 본문은 세 가지를 말합니다. 먼저, 그리스도의 사랑을 설명합니다. 다음으로, 누가 우리를 그리스도의 사랑에서 끊으려 하는지 말합니다. 끝으로, 그 어떤 것도 끊을 수 없으리라고 말합니다.

1. 그리스도의 사랑을 말씀드리겠습니다.

1) 이 사랑은 언제 시작되었습니까? 영원 전에 시작되었습니다. "내가 그 곁에 있어서 창조자가 되어 날마다 그의 기뻐하신 바가 되었으며 항상 그 앞에서 즐거워하였으며 사람이 거처할 땅에서 즐거워하며 인자들을 기뻐하였느니라"(잠 8:30-31). 이 사랑의 강은 세상이 있기 전부터, 만세 전부터, 태초부터, 땅이 생기기 전부터 흐르기 시작했습니다(잠 8:23). 우리를 향한 그리스도의 사랑은 성자를 향한 성부의 사랑만큼이나 오래되었습니다. 예수님에게서 우리에게로 흐르는 이 빛의 강은 해가 빛줄기를 쏟기 전부터, 강물이 바다로 흐르기 전부터, 천사가 천사를 사랑하고 사람이 사람을 사랑하기 전부터 흐르기 시작했습니다. 그리스도께서는 세상을 창조하시기 전부터 우리를 사랑하셨습니다. 이 사랑은 매우 깊습니다. 누가 그 깊이를 잴 수 있습니까? 이 사랑은 지식을 뛰어넘습니다.

2) 누가 사랑하셨습니까? 복되신 삼위일체의 둘째 위격이신 하나님의 아들 예수께서 사랑하셨습니다. 그 이름은 기묘자요, 모사요, 전능하신 하나님이시며, 영존하시는 아버지요, 평강의 왕이십니다(사 9:6). 만왕의 왕이시며 만주

의 주십니다(딤전 6:15). 임마누엘이시요, 구주 예수시며, 아버지의 독생자이십니다. 온전히 아름다운 분이시며, 그 아버지 영광의 광채시요 그 본체의 형상이십니다(히 1:3). 여호와의 모든 순결과 위엄과 사랑이 그 안에 충만하신 분이십니다. "광명한 새벽 별"(계 22:16)이시요, "의로운 해"(말 4:2, 개역한글)이시며, "세상의 빛"(요 8:12)이십니다. "사론의 수선화요 골짜기의 백합화"(아 2:1)시며, 사람들보다 아름다운 분이십니다(시 45:2). 그 부유함이 한이 없어 "무릇 아버지께 있는 것은 다 내 것이라"(요 16:15)고 하실 수 있었던 분이십니다. "만유의 주"(행 10:36)이십니다. 하늘의 모든 면류관이 그 발 앞에 던져지고, 모든 천사와 스랍을 자기 종으로, 온 세상을 자기 영토로 삼으시는 분이십니다. 그 하시는 일이 한없이 영광스러운 분이십니다. 만물을 창조하시되 하늘과 땅에서 보이는 것들과 보이지 않는 것들을 창조하신 분이십니다(골 1:16). 없는 것을 있는 것으로 부르시는 이시고(롬 4:17), 그 말씀으로 세상이 생기게 하신 분이십니다. 그런데 그러한 분이 우리를 사랑하셨습니다. 우리보다 지위가 높은 사람에게 사랑을 받고, 천사에게 사랑을 받는 것도 쉽지 않은 일입니다. 아, 그런데 하나님 아드님의 사랑을 받다니, 이 얼마나 놀라운 일입니까! 이 사랑은 지식을 뛰어넘습니다.

3) 누구를 사랑하셨습니까? 우리를 사랑하셨습니다! "그리스도 예수께서 죄인을 구원하시려고 세상에 임하셨다 죄인 중에 내가 괴수니라"(딤전 1:15). 예수님 자신처럼 영광스러운 존재를 사랑하셨다면, 우리는 놀라지 않았을 것입니다. 예수님의 순결하고 눈부신 형상을 비추는 거룩한 천사들을 사랑하셨다면, 우리는 놀라지 않았을 것입니다. 사람 중에서도 사랑받을 만한 사람, 싹싹하고 상냥하고 친절하고 부유하고 훌륭하고 고귀한 사람들을 사랑하셨다면, 그렇게 크게 놀라지는 않았을 것입니다. 아, 그런데 죄인들 중에서도 가장 추악한 죄인, 가장 초라하고 보잘것없고 죄 많은 사람, 바닥을 기는 형편없는 사람들을 사랑하셨습니다. 자식을 죽인 므낫세를 사랑하셨습니다. 남들 등이나 치는 백발의 삭개오를 사랑하셨습니다. 하나님을 모독한 바울을 사랑하셨습니다. 방탕한 사마리아 여자를 사랑하셨습니다. 죽어가는 강도를 사랑하셨습니다. 음란한 고린도 사람들을 사랑하셨습니다. "너희 중에 이와 같은 자들이 있더니"(고전 6:11). 그리스도가 보시기에 우리는 지

옥처럼 어두웠습니다. 우리는 그 아버지의 진노와 저주 아래 있는, 지옥에나 어울리는 사람이었습니다. 그런데도 우리를 사랑하셔서 우리를 위해 죽겠다고 하셨습니다. 구원받은 사람마다 '나를 사랑하사 부패의 구덩이에서 건져 주셨다'고 말할 수 있습니다(사 38:17, KJV). 아, 형제 여러분, 이것은 이상한 사랑입니다. 그토록 훌륭하고 아름답고 깨끗하신 분이 우리 같이 비천하고 죄로 얼룩진 사람들을 택하셔서, 씻으시고 깨끗하게 하시고 자기 앞에 세우시다니, 이것은 지식을 뛰어넘는 사랑입니다!

4) 이 사랑 때문에 어떤 대가를 치르셨습니까? 라헬을 사랑한 야곱은 라헬을 위해서 7년 동안 라반을 섬기며 한여름의 더위와 한겨울의 추위를 견뎠는데, 예수님은 자기가 사랑한 사람들을 위해서 하나님의 뜨거운 진노와 아버지의 싸늘한 분노를 견디셨습니다. 요나단은 다윗을 여인의 사랑보다 더 사랑해서 다윗을 위해 자기 아버지 사울의 모진 분노를 견뎠는데(삼하 1:26), 예수님은 우리를 사랑하셔서 "섞인 것이 없이 부은"(계 14:10) 자기 아버지의 진노를 견디셨습니다. 그리스도께서 아버지의 사랑과 천사들의 경배와 영광의 보좌를 떠나신 것은 사랑 때문이었습니다.

사랑 때문에 동정녀의 뱃속을 멸시하지 않으셨습니다. 사랑 때문에 베들레헴 구유에 누이셨습니다. 사랑 때문에 광야로 이끌려 가셨습니다. 사랑 때문에 간고를 많이 겪으셨습니다(사 53:3). 사랑 때문에 배고프고 목마르고 지치셨습니다. 사랑 때문에 예루살렘에 서둘러 가셨고, 사랑 때문에 어둡고 깜깜한 겟세마네에 가셨습니다. 사랑 때문에 묶여서 관정으로 끌려가셨습니다. 사랑 때문에 십자가에 못 박히셨습니다. 사랑 때문에 자기 아버지의 극중한 분노에 짓눌려 고개를 떨구셨습니다(요 19:30). "이보다 더 큰 사랑이 없나니"(요 15:13). "나는 선한 목자라 선한 목자는 양들을 위하여 목숨을 버리거니와"(요 10:11).

죄인들이 지옥의 시뻘건 불바다에 빠져 허우적거리고 있었습니다. 예수님이 그 속에 뛰어들어 이 무시무시한 불너울을 가르고, 자기 백성을 품에 끌어안으셨습니다. 공의의 칼이 뽑혀서 번쩍거렸고, 우리를 곧 죽일 참이었습니다. 하나님의 짝 되신 그분이 가슴을 내밀어 대신 이 칼을 맞으셨습니다(슥 13:7). 우리는 하나님이 쏘시는 보복 화살의 과녁으로 세워졌습니다. 예수님이 그 사이에 오셔서 온몸으로 화살을 맞으셨습니다. 우리 영혼이 맞아야 했던 화살 한 발 한 발이 다 예수님에게 꽂혔습니다. 예수님은 몸소 나무에 달려 우리 죄를 담당하셨습니다(벧전 2:24). 동이 서에서 먼 것 같이 우리 죄과를 우리에게서 멀리 옮기셨습니다(시 103:12). 이것은 지식을 뛰어넘는 사랑입니다. 이것이 오늘 뗀 떡과 부은 포도주에서 여러분에게 제안되는 것입니다. 이것이 우리가 보좌에서 볼 것입니다(우리는 보좌에서 죽임 당하신 어린양을 볼 것입니다). 이것이 영원토록 우리 찬송의 주제가 될 것입니다. "죽임을 당하신 어린양은……찬송을 받으시기에 합당하도다"(계 5:12)!

① 아, 그리스도의 사랑 안에 있는 것이 얼마나 기쁩니까! 여러분은 이 놀라운 사랑 안에 계십니까? 그리스도께서 여러분을 사랑하셔서 부패의 구덩이에서 건져 주셨습니까? 그렇다면 여러분을 씻으시고, 하나님 앞에서 나라와 제사장으로 삼으실 것입니다(계 5:10). 여러분을 자기 피로 눈보다 더 희게 씻으시고, 모든 더러운 것과 모든 우상 숭배에서 깨끗하게 하실 것입니다(겔 36:25). 또 여러분에게 새 마음을 주실 것입니다. 여러분의 양심을 깨끗하게 지키시고, 여러분의 마음을 하나님 앞에 바르게 하실 것입니다. 여러분 안에 자신의 성령을 두셔서 말할 수 없는 탄식

으로 간구하게 하실 것입니다(롬 8:26). 여러분을 의롭다 하시고, 여러분을 위해 간구하시고, 여러분을 영화롭게 하실 것입니다. 온 세상이 여러분을 반대하고, 사랑하는 친구가 죽어서 떠나고, 여러분 혼자 광야에 남겨질지라도, 여러분은 혼자가 아닐 것입니다. 그리스도께서 여전히 여러분을 사랑하실 것입니다.

② 아, 그리스도의 사랑 밖에 있는 것이 얼마나 비참합니까! 그리스도께서 여러분을 사랑하지 않으신다면, 다른 사랑은 다 얼마나 부질없습니까! 친구가 여러분을 좋아하고, 이웃이 여러분을 상냥히 대하고, 세상이 여러분을 칭찬하고, 목사가 여러분의 영혼을 사랑한다고 한들, 그리스도께서 여러분을 사랑하지 않으신다면, 피조물의 사랑은 다 물거품이 되고 말 것입니다. 여러분은 씻음 받지 못하고, 용서받지 못하고, 거룩하지 못한 채로 지옥에 빠질 것이고, 모든 피조물이 곁에 둘러서겠지만 아무도 여러분에게 도움의 손길을 내밀지 못할 것입니다.

③ 내가 그리스도의 사랑 안에 있다는 것을 어떻게 알까요? 그리스도께 이끌림으로 압니다. "내가 영원한 사랑으로 너를 사랑하기에 인자함으로 너를 이끌었다"(렘 31:3).

여러분, 예수님에게서 무언가 끌리는 것을 느끼셨습니까?
세상은 아름다운 것이나 예쁜 옷이나 반짝이는 보석에 끌
립니다. 여러분은 그리스도의 향기로운 기름 때문에 그리
스도께 끌리셨습니까(아 1:3)? 이것이 그리스도의 마음에
새겨진 모든 사람의 특징입니다. 이들은 그리스도께 오고,
예수님의 보배로움을 봅니다. 아무 걱정 없는 세상은 그리
스도의 보배로움을 못 봅니다. 이들은 정욕을 더 소중히
여기고, 세상의 웃음을, 돈과 쾌락을 더 소중히 여깁니다.
하지만 그리스도께서는 그 사랑하시는 사람들에게 자신
의 보배로움을 보이셔서 자신을 따르게 하십니다. 여러분,
이렇게 그리스도를 따르고, 그리스도를 귀히 여기셨습니
까? 물에 빠진 죄인으로 그리스도를 붙잡으셨습니까? 그
렇다면 여러분이 그리스도께 무슨 잘못을 저질렀을지라도
여러분을 결코 내쫓지 않으실 것입니다(요 6:37). '그렇지만
저는 죄를 짓다가 한창때를 다 보냈는걸요.' 그래도 내가
너를 결코 내쫓지 않으리라고 하십니다. '저는 버젓이 죄
를 짓고 산걸요.' 그래도 내가 너를 결코 내쫓지 않으리라
고 하십니다. '그렇지만 제게 빛을 비추시고 죄를 깨닫게
해 주셨는데도 저는 죄를 지었는걸요.' 그래도 내가 너를

결코 내쫓지 않으리라고 하십니다. '그렇지만 저는 신앙을 저버린 사람인걸요.' 그래도 그리스도께서는 그 사랑의 팔로 여러분의 죄책 있는 불쌍한 영혼을 끌어안으시고, 여러분을 내쫓지 않으실 것입니다.

2. 많은 것이 우리를 끊으려 할 것입니다.

세상이 처음 생길 때부터 사탄의 커다란 목적은 믿는 사람들을 그리스도의 사랑에서 끊는 것이었습니다. 물론 사탄은 단 한 영혼도 끊지 못했지만, 여전히 처음처럼 이 일에 안간힘을 쓰고 있습니다. 사탄은 구주께서 길 잃은 양을 어깨에 메고 가시는 것을 보자마자, 이 구원받은 불쌍한 양을 그 안식처에서 끌어내리려고 갖은 애를 다 씁니다. 예수님이 그 못 박히신 손으로 벌벌 떠는 불쌍한 죄인을 붙잡으시자마자, 그를 예수님 손에서 빼앗으려고 애씁니다.

1) 사탄은 옛날부터 그랬습니다. "기록된 바 우리가 종일 주를 위하여 죽임을 당하게 되며 도살당할 양 같이 여김을 받았나이다 함과 같으니라." 이것은 시편 기자의 부르짖음입니다(시 44:22). 하나님의 백성은 시대를 막론하고 사

탄과 세상에게 미움과 핍박을 받았습니다. 왜 이런 대접을 받았는지 잘 보십시오. "주를 위하여." 그러니까 예수님 때문에, 예수님을 닮아서, 예수님께 속해서 그랬다는 것입니다. 언제요? "종일." 아침부터 저녁까지 그랬습니다. 세상은 참 믿음을 가진 사람들을 끈질기게 싫어합니다. 그러니 이런 소리가 절로 나옵니다. "아침에는 이르기를 아하 저녁이 되었으면 좋겠다 할 것이요 저녁에는 이르기를 아하 아침이 되었으면 좋겠다 하리라"(신 28:67). 다른 것은 이 정도로 끈질기게 싫어하지 않습니다. 그리고 어떤 대접을 받았습니까? "도살당할 양 같이 여김을 받았나이다." 세상은 마치 도살꾼이 양을 잡을 때 양을 괴롭히는 만큼 그리스도인 괴롭히기를 좋아합니다. 술 취한 사람들이 우리를 두고 빈정거리는 노래를 지어 부릅니다(시 69:12). 이것은 옛 성도들의 부르짖음이었습니다. 눈 덮인 피에몬테 산지에서도, 나중에는 스코틀랜드의 푸른 언덕과 골짜기에서도 같은 부르짖음이 들렸습니다. 여러분, 다시는 이런 부르짖음이 들리지 않으리라고 자신하십니까? 그렇다면 우리는 비참하게 속는 것입니다. 마귀가 달라졌습니까? 마귀가 그리스도와 그 사랑하시는 백성을 조금이라도 좋아하게 되었습니까? 세상의 마음이 달라졌습니까? 세상이 하나님과 하나님 백성을 이전보다 덜 싫어합니까? 그렇지 않습니다! 하나님이 그 억누르시는 은혜를 거두시기만 하면, 박해의 수문이 금세 또 터지리라는 것을 저는 깊이 깨달았습니다. 여러분 중에 우리가 사역하는 동안 회심하지 않은 많은 사람이 잔인한 박해자로 드러날 것이고, 마침내 여러분의 마음을 찌른 설교에 보복할 것입니다.

2) 사도는 어려움이 찾아오는 형태를 일곱 가지로 말합니다. 그 가운데 둘은 모든 사람이 흔히 겪는 어려움과 관련이 있고, 나머지 다섯은 특별히 하나님 자녀가 겪는 어려움과 관련이 있습니다.

① 환난과 곤고: "여인에게서 태어난 사람은 생애가 짧고 걱정이 가득하며 그는 꽃과 같이 자라나서 시들며 그림자 같이 지나가며 머물지 아니하거늘"(욥 14:1-2). 하나님의 자녀라도 아프거나 가난하거나 친구를 잃는 곤고함에서 자유롭지 않습니다. 예수님은 이들에게 말씀하셨습니다. "세상에서는 너희가 환난을 당하나"(요 16:33). "무릇 내가 사랑하는 자를 책망하여 징계하노니"(계 3:19). 자, 사탄은 이 환난의 때를 이용해 영혼을 그리스도의 사랑에서 끊

으려고 애씁니다. 믿는 사람을 꼬드겨 주의 징계하심을 가벼이 여기게 하고(히 12:5), 사업이나 세상 친구들에 빠지게 하고, 세상의 방식으로 슬픔을 달래게 하려고 합니다. 사탄은 또 이 환난과 곤고로 영혼을 낙심하게 하려고 애씁니다. 불평하고 원망하게 하고, 어리석게 하나님을 탓하게 하고(욥 1:22, 한글 킹제임스), 풀무불 속에서 하나님의 사랑과 지혜를 의심하게 합니다. 사탄은 이렇게 그리스도의 사랑에서 끊으려고 애씁니다. 환난의 때는 위험한 때입니다.

② 박해와 기근과 적신과 위험과 칼. 이것은 다 사탄이 하나님의 자녀에게 휘두르는 무기입니다. 교회 역사는 어느 시기를 보나 박해의 역사였습니다. 한 영혼이 신앙에 관심을 보이기 시작하고 예수님께 매달리자마자, 세상은 하나님이 주신 상처를 덧쑤십니다(시 69:26, 공동번역). 이 영혼에게 얼마나 모진 말들을 쏟아붓습니까! 이 말씀은 모든 시대에 사실이었습니다. "양과 염소의 가죽을 입고 유리하여 궁핍과 환난과 학대를 받았으니 이런 사람은 세상이 감당하지 못하느니라"(히 11:37-38). 하나님의 떡을 먹는 사람들은 조용히 밥을 먹다가 끌려 나온 일이 한두 번이 아니었습니다. 그리스도로 옷 입은 사람들은 세상 옷을 자

주 내주어야 했고, 기근과 적신과 위험에 놓였고 마지막에는 칼을 맞는 지경까지 이르렀습니다. 가인은 아벨을 죽였습니다. 이들은 생명의 주를 죽였고, 그분의 피조물도 그 뒤로 다 같은 처지에 놓였습니다. 시대가 달라졌다고 하지 마십시오. 지금은 관용의 시대가 아닙니다. 그리스도도 바뀌지 않으셨고, 사탄도 바뀌지 않았습니다. 사탄은 기회만 오면 또 같은 무기를 쓸 것입니다.

3. 이 모든 것이 우리를 끊을 수 없습니다.

"그러나 이 모든 일에 우리를 사랑하시는 이로 말미암아 우리가 넉넉히 이기느니라."

어떻게 넉넉히 이깁니까?

1) 싸움이 끝나기도 전에 이깁니다. 다른 모든 싸움은 싸움이 끝날 때까지 승패가 어떻게 뒤집힐지 알 수 없습니다. 워털루 전투가 벌어졌을 때, 사람들은 오랫동안 프랑스가 이겼다고 생각했습니다. 나폴레옹은 파리에 몇 번이나 승리 소식을 알렸습니다. 그러나 세상과 사탄과 육신과 하는 싸움은 승패가 어떻게 뒤집힐지 벌써 압니다. 그리스도께서는 우리를 끝까지 붙드시겠다고 약속하셨습니다.

따라서 그 피에 우리를 숨기심으로 율법이 쏘는 화살에서 우리를 지키실 것입니다. 우리 안에 자신의 성령을 두셔서 죄의 권세에서 우리를 보호하실 것입니다. 우리를 주의 은밀한 곳에 숨기사 말다툼을 면하게 하실 것입니다(시 31:20). 싸움이 더 치열할수록, 우리를 더 가까이에서 지키실 것입니다. 그래서 우리는 벌써 이렇게 노래할 수 있습니다. "우리 주 예수 그리스도로 말미암아 하나님께 감사하리로다"(롬 7:26). 우리는 우리가 이길 것을 압니다. 세상이 제아무리 길길이 날뛰고, 박해의 불이 또다시 불붙고, 내 마음이 아무리 악하고, 지옥이 나를 마음껏 유혹할지라도, 나를 사랑하시는 이로 말미암아 내가 이길 것을 나는 압니다. 바울과 실라가 깊은 구덩이에 갇혀 노래했을 때, 이들은 넉넉히 이겼습니다. 바울이 육체의 가시를 무릅쓰고 "나의 여러 약한 것들에 대하여 자랑하리⋯⋯라"(고후 12:9)고 노래했을 때, 바울은 넉넉히 이겼습니다.

2) 우리는 싸워서 얻습니다. 이겨도 손해일 때가 많습니다. 이스라엘이 기브아에서 캄캄한 밤을 보내고 나서 싸움을 했을 때도 그랬습니다. 온 이스라엘이 슬퍼했는데, 한 지파가 이스라엘에서 거의 떨어져 나갈 뻔했기 때문입니

다. 마찬가지로 거의 모든 승리에서 승전가는 과부와 고아의 흐느껴 우는 소리와 한데 뒤섞입니다. 그러나 믿음의 선한 싸움은 다릅니다. 우리는 넉넉히 이깁니다. 원수들 덕택에 오히려 얻습니다. ① 그리스도께 더 바싹 달라붙습니다. 그리스도 때문에 당하는 모든 어려움의 물결은 영혼을 반석 위로 더 높이 끌어올립니다. 믿는 사람을 겨냥해 쏘는 모든 고통의 화살은 예수라는 바위틈에 더 꼭꼭 숨게 만듭니다. 사랑하는 친구 여러분, 이러한 어려움을 견디는 데 만족하십시오. 이것이 여러분이 사랑하는 분께 더 바싹 매달리게 하기 때문입니다. ② 우리를 흔들어 죄를 떨쳐 내게 합니다. 우리가 세상에 속했다면, 세상은 자기 것을 사랑했을 것입니다. 세상이 여러분에게 웃음 짓고 아양 떨었다면, 여러분은 세상의 무릎을 베고 누웠을 것입니다. 하지만 세상이 얼굴을 찌푸릴 때, 예수님이 우리 전부가 되십니다. ③ 하늘에서 큰 상을 받습니다. 우리는 더 빛나는 면류관을 얻습니다. 두려워 마십시오. 아무것도 여러분을 그리스도의 사랑에서 끊지 못할 것입니다. 아, 여러분이 다 그리스도의 사랑 안에 있다면, 예수님의 팔이 여러분을 감싸 안고 있다면, 사람들의 모든 증오와 지옥의 모든 책략이 결코 여러분을 압도하지 못할 것입니다! "만일 하나님이 우리를 위하시면 누가 우리를 대적하리요"(롬 8:31)? 하나님이 여러분을 택하시고, 부르시고, 씻으시고, 의롭다 하셨다면, 여러분을 영화롭게 하실 것입니다. 아, 하나님 나라에서 멀지 않은 여러분(막 12:34), 하나님 사랑의 손길에 굴복하십시오! 하나님이 여러분을 씻기시게 하십시오. 그러면 여러분을 영광으로 데려가실 것입니다. 아멘.

11

내가 확신하노니

11. 내가 확신하노니

내가 확신하노니 사망이나 생명이나 천사들이나 권세자들
이나 현재 일이나 장래 일이나 능력이나 높음이나 깊음이나
다른 어떤 피조물이라도 우리를 우리 주 그리스도 예수 안
에 있는 하나님의 사랑에서 끊을 수 없으리라(롬 8:38-39).

이 귀한 구절의 위로와 힘을 주는 교리는, 그리스도 안에
있는 영혼을 하나님의 사랑에서 끊을 수 없다는 것입니다.
그러나 우리는 다음 내용들을 살펴봐야 합니다.

**1. 그리스도 밖에 있는 사람은 본성상 모두 오늘 본문에서 말하는 하
나님의 사랑 밖에 있습니다.**

하나님은 회심하지 않은 영혼을 흐뭇한 마음으로 사랑하

지 않으십니다. 하나님이 보시기에 회심하지 않은 영혼은 예뻐하고 사랑할 만한 구석이 한 군데도 없습니다. "사람이 어찌 깨끗하겠느냐 여인에게서 난 자가 어찌 의롭겠느냐 하나님은 거룩한 자들을 믿지 아니하시나니 하늘이라도 그가 보시기에 부정하거든 하물며 악을 저지르기를 물 마심 같이 하는 가증하고 부패한 사람을 용납하시겠느냐"(욥 15:14-16)? "여호와는 의로우사 의로운 일을 좋아하시나니"(시 11:7). 하나님의 본성 자체가 그렇습니다. 그러니 의로운 것을 보실 때마다 좋아하실 수밖에 없습니다. 그러나 그리스도 밖에 있는 사람들은 의로운 것이 없습니다. 이들의 옷은 온통 새까맣고 더럽습니다. 우리는 본성상 다 부정한 자 같고, 우리 의는 다 더러운 옷 같습니다(사 64:6).

그래서 하나님은 회심하지 않은 사람들을 흐뭇한 마음으로 사랑하실 수 없습니다. 하나님이 회심하지 않은 영혼을 터럭만큼이라도 존중하시려면, 당신의 본성을 바꾸시거나 다른 하나님이 되셔야 합니다. 그런데 '하나님께서 당신의 독생자를 주실 만큼 세상을 사랑하지 않으셨느냐? 그리스도께서 땅에 계실 때 죄인들을 무척 상냥히 대하지 않으셨느냐?'고 반박하는 분이 계실지 모르겠습니다. 맞습니다! 우리는 이 사실을 기꺼이 인정합니다. 하나님이 그리스도 밖에 있는 사람들을 한없이 동정하는 마음으로 사랑하신다는 것은 정말 사실입니다. 어떤 사람이 길가에 쓰러져 있는데, 다쳐서 피를 뚝뚝 흘리며 죽어가고 있습니다. 여러분이 이 모습을 본다면, 안쓰러운 마음이 불쑥 솟아날 것입니다. 여러분 본성에 심긴 어진 마음이 불려 나와서, 여러분은 이 사람을 불쌍히 여기는 마음으로 사랑할 것입니다. 그런데 이 사람이 아주 악랄하고 파렴치한 사람이라는 것을 알게 된다면, 이 사람을 존경하기는 힘들 것입니다. 불쌍히 여기는 사랑은 이어질 것입니다. 네, 전보다 더 커질 것입니다. 하지만 이 사람을 존경하는 마음으로 사랑할 수는 없습니다.

하나님께서도 마찬가지이십니다. 하나님은 온 세상이 악한 가운데 있고(요일 5:19, KJV), 사람의 마음으로 생각하는 모든 계획이 늘 악할 뿐임을 보셨습니다(창 6:5). 그래서 하나님의 은혜로운 마음에는 사람을 향한 연민이 넘쳐흘렀습니다. "하나님이 세상을 이처럼 사랑하사 독생자를 주셨으니"(요 3:16). "아무도 멸망하지 아니하……기를 원하시느니라"(벧후 3:9). "하나님은 모든 사람이 구원을 받으며 진리를 아는 데에 이르기를 원하시느니라"(딤전 2:4). "나는 악인이 죽는 것을 기뻐하지 아니하고 악인이 그의 길에서 돌이켜 떠나 사는 것을 기뻐하노라"(겔 33:11). 아, 보십시오. 우리를 불쌍히 여기시는 하나님의 마음이 얼마나 크고 넓은지! 이 마음으로 "모든 사람"을 끌어안으시고, "온 세상"을 끌어안으셨습니다. 그래서 하나님은 누구든지 초대를 받고 누구든지 올 수 있도록 무한하고 모두에게 충분한 대속물을 마련해 놓으셨습니다. 아버지의 마음을 밝히 보여 주시는 예수님은 "수고하고 무거운 짐 진 자들아 다 내게로 오라 내가 너희를 쉬게 하리라"(마 11:28) 말씀하십니다.

그런데 하나님이 그리스도 밖에 있는 영혼들을 존중하십니까? 아닙니다! 하나님이 회심하지 않고 그리스도 밖에 있는 사람들을 존중하는 마음으로 사랑하시려면, 당신의 본성을 바꾸시고 악하게 되셔야 할 것입니다. 하나님이 악한 하나님이시면, 악한 사람을 사랑하실 수 있을 것입니다. 그렇지만 하나님이 눈이 정결하셔서 악을 차마 보지 못하신다면(합 1:13), 죄인들을 티끌만큼도 존중하실 수 없습니다. 이들이 아무리 자기네 스스로 존중하고, 세상에서 같은 죄인에게 존중을 받는다 해도 마찬가지입니다.

하나님 보시기에 그리스도 밖에 있는 사람들은 사랑할 구석이 하나도 없고, 미운 점만 가득합니다. 그래서 시편에서는 "매일 분노하시는 하나님"이시라고 하고(시 7:11), "여호와는……악인과 폭력을 좋아하는 자를 마음에 미워하시도다"(시 11:5), "여호와의 얼굴은 악을 행하는 자를 향하사 그들의 자취를 땅에서 끊으려 하시는도다"(시 34:16)고 말합니다. "아들을 믿지 않는 자는 생명을 보지 못하며 도리어 하나님의 진노가 그 위에 머물러 있느니라"(요 3:36, 킹제임스 흠정역). "누구든지 율법 책에 기록된 대로 모든 일을 항상 행하지 아니하는 자는 저주 아래에 있는 자라"(갈 3:10). "이런 것들 때문에 하나님의 진노가 불순종의 자식들 위에 임하느니라"(골 3:6, 한글 킹제임스).

거룩한 것은 좋아하시고 악한 것은 보실 때마다 미워하시는 것이 하나님의 속성입니다. 어떤 마음에서 발견하시든지 하나님은 악을 미워하실 수밖에 없습니다. 악인의 악을 그만 미워하시려면, 하나님이기를 그만두셔야 합니다.

그런데 '하나님이 그리스도 밖에 있는 사람들을 그 죄 때문에 미워하신다면, 이들을 불쌍히 여기실 수 없는 것 아니냐?'고 반박하는 분이 계실지 모르겠습니다. 하지만 왜 없습니까? 하나님은 한없이 공의로우시지만, 또 한없이 자비로우십니다. 하나님이 불쌍히 여기기를 그만두시려면, 하나님이기를 그만두셔야 합니다. 하나님은 인애를 기뻐하십니다(미 7:18). 네, 어떤 영혼에게 노하실수록, 그 영혼을 더욱 불쌍히 여기십니다. 하나님의 거룩한 분노를 자초한 것을 생각할 때 그 처지가 훨씬 더 비참하기 때문입니다. 그리스도께서는 땅에 계실 때 몇몇 죄인을 노여운 얼굴로 둘러보시고는 그 고집스러운 마음을 슬퍼하셨습니다(막 3:5, 현대인의 성경). 앞에서 그럴 수 없지 않으냐고 한 것이 바로 여기에 나타납니다. 분노와 연민이 한 가슴속에 있습니다. 벼락같은 의로운 분노와 동정의 눈물이 예수님 눈에 함께 있었습니다.

이것이 바로 "보이지 아니하는 하나님의 형상"(골 1:15)입니다. 또 예수님이 가까이 오셔서 예루살렘 성을 보실 때도, 우시며 말씀하시기를 예루살렘의 평화에 관한 일이 예루살렘의 눈에 숨겨졌다고 하셨습니다(눅 19:41-42). 구주께서는 여기서 눈물을 흘리시고 안타까워하시며 예루살렘을 멸망에 넘기셨습니다. 이것은 한없는 긍휼이면서도 한없는 분노였습니다. 여기서 그리스도는 하나님의 "본체의 형상"(히 1:3)이십니다. 그 안에 신성의 모든 충만이 육체로 거하십니다(골 2:9). 사람의 본성을 입으신 하나님이 노하셔서 거룩한 선고를 하시는 바로 그 순간, 눈물을 흘리십니다.

여기서 그리스도 밖에 있는 모든 분에게 애정과 진심을 담아 말씀드리겠습니다. 저는 여기서 하나님과 관련해 여러분이 서 있는 자리가 어디인지 정확히 배우시기를 간청드리고 싶습니다. 여러분, 하나님이 여러분을 존중하는 마음으로 사랑하지 않으신다는 것을 귀담아듣고 마음 깊이 새기십시오. 하나님은 여러분을 그렇게 사랑하신 적도 없고, 여러분이 그리스도 밖에 있는 한 그렇게 사랑하실 일도 없을 것입니다. 여러분이 보기에는 여러분이 칭찬할 점이 많고, 그래서 어리석게도 하나님께서도 그것을 칭찬하시리라고 생각합니다.

여러분은 어쩌다가 은밀히 기도하기도 하고, 말씀을 읽을지도 모릅니다. 복음 설교를 듣다가 가슴이 뜨거워질 수도 있습니다. 그러면서 줄곧 '하나님이 이것을 보시고 인정하시면, 결국에는 나를 존중하실 수밖에 없겠지' 하고 생각합니다. 그러나 하나님은 그 속에서 선하거나 사랑할 만한 것을 전혀 못 보신다는 것을 여기서 배우십시오. 여러분이 그리스도 밖에 있다면, 거룩하신 하나님 보시기에 여러분은 너무 역겹고, 여러분의 의조차 더러운 옷과 같습니다.

여러분은 천성이 착하고, 싹싹하고, 상냥하고, 남을 잘 대접하는 사람일지 모릅니다. 친구들이 여러분을 좋아하고 칭찬하니까, 여러분은 하나님도 여러분을 칭찬하셔야 한다고 생각합니다. 하지만 똑똑히 배우십시오. 하나님이 보시기에 여러분은 칭찬할 구석이 한 군데도 없습니다. "곤고한 것과 가련한 것과 가난한 것과 눈먼 것과 벌거벗은 것"(계 3:17), 이것이 바로 하나님이 아시는 여러분의 모습입니다. 여러분 상상 속에나 있는 여러분의 모든 공로 행위 가운데 하나님을 존중해서 한 일은 하나도 없습니다. 하나님의 영광을 바라보고 하지 않는 어떤 일도 하나님은 흐뭇하게 여기지 않으실 것입니다. 그리고 여러분은 하나님의 사랑 밖에 있기 때문에, 하나님의 진노 아래 있습니다. 다른 길은 없습니다. 하나님의 사랑 밖에 있다면, 하나님의 진노 아래 있어야 합니다. 여러분은 하나님이 손수 지으신 피조물이고, 하나님은 도덕 행위자로서 여러분에게, 여러분의 행동에 무관심하실 수 없습니다. 하나님은 여러분에게 날마다 분노하십니다.

하나님의 진노가 늘 여러분 위에 머물러 있습니다! 여러분이 여행하는 내내 여러분의 머리 위를 맴돌고 있고, 일하러 나갈 때 여러분의 목을 휘감고 있고, 끼니때마다 여러분 옆에 앉아 있고, 잠을 잘 때도 밤새 여러분 위에 머물러 있습니다. 하나님의 진노가 언제 어느 때 여러분을 지옥에 밀어 넣을지 모릅니다.

그 때는 확실치 않지만, 그 일은 확실합니다! 하나님이 생명줄을 끊으실 때마다, 여러분 위에 맴도는 하나님의 진노가 그 일을 할 것입니다. 아, 사랑하는 영혼들이여, 이 두렵고 위태로운 처지에 어떻게 그냥 있을 수 있습니까? 지금 예수님을 믿기로 결심하십시오. 그래서 장차 올 진노를 피하십시오. 여러분의 처지가 너무 암울하지만, 소망이 없는 것은 아닙니다. 하나님이 여러분을 한없이 불쌍히 여기십니다. 하나님의 긍휼은 하나님의 진노만큼 한이 없습니다. 하나님은 여러분이 죽는 것을 기뻐하지 않으십니다. 여러분이 돌이켜 살기를 바라십니다. 하나님은 그리스도 안에서 여러분의 죄를 다 지우고도 남을 피를 마련해 놓으셨고, 여러분의 헐벗음을 다 덮고도 남을 옷을 마련해 놓으셨습니다.

하나님은 여러분의 죄악 때문에 여러분에게 노하실수록, 여러분을 더욱 불쌍히 여기십니다. 그리스도께서 가장 애쓰시는 것은 예루살렘의 죄인들을 구원하시는 것입니다. 여러분이 그분을 더욱 노하게 할수록 그분은 더욱 그 날개로 여러분을 덮을 준비가 되십니다. 죄인 여러분, 돌이키십시오. 돌이키십시오! 하나님께서 영원히 기다리시는 것은 아닙니다. 하나님은 말씀하셨습니다. "나의 영이 사람 속에 영원히 머물지는 않을 것이다"(창 6:3, 새번역). 하나님이 어둠을 일으키시기 전에, 여러분의 발이 어두운 산에 거치기 전에, 여러분이 바라는 빛이 사망의 그늘로 변하여 침침한 어둠이 되게 하시기 전에 여러분의 하나님 여호와께 영광을 돌리십시오(렘 13:16).

2. 그리스도 안에 있는 사람은 모두 하나님의 사랑 안에 있습니다.

어떤 죄인이든지 예수 그리스도를 보증인으로 기꺼이 받아들이게 될 때, 하나님께서 이 영혼을 존중하는 마음으로 사랑하시는 것은 의로운 일입니다. 하나님 보시기에 이제 이 영혼은 미워할 구석이 한 군데도 없습니다. "야곱의 허물을 보지 아니하시며 이스라엘의 반역을 보지 아니하시는도다"(민 23:21). 어떤 죄인이든지 주 예수님을 자기 보증인으로 받아들이기로 할 때, 하나님은 그리스도의 고난을 이 영혼의 것으로 여겨주십니다. 그러니까 그리스도 안에서 그 죄 때문에 받을 고난을 벌써 다 받은 것으로 여겨주시는 것입니다.

죄인이 자기 혼자 하나님 앞에 설 때는 하나님 보시기에 혐오스러울 수밖에 없지만, 하나님 앞에 자기 혼자 서지 않고 하나님 아들이신 그리스도 안에서 설 때는 하나님께서 그 안에서 아무 죄악도 못 보십니다. 그 죄가 "잊음의 땅"(시 88:12)으로 옮겨졌고, 깊은 바다에 던져졌습니다(미 7:19). 주홍 같던 죄가 이제 눈과 같이 희어졌습니다(사 1:18). 죄인은 노래하기 시작합니다. "여호와여 주께서 전에는 내게 노하셨사오나 이제는 주의 진노가 돌아섰고 또 주께서 나를 안위하시오니"(사 12:1). "동이 서에서 먼 것 같이 우리의 죄과를 우리에게서 멀기 옮기셨으며"(시 103:12).

근심하는 죄인 여러분, 어서 그리스도를 받아들이십시오. 어두운 데서 나와 기이한 빛에 들어가십시오(벧전 2:9). 여러분이 그리스도 밖에 그대로 있으면, 하나님은 여러분에게 날마다 분노하십니다. 그렇지만 여러분이 주 예수님 안에서 발견되기로 하는 순간(빌 3:9), 하나님의 분노는 싹 풀릴 것입니다. 하나님은 그리스도 안에 있는 영혼에게서 사랑할 만한 것을 보십니다.

죄인이 그리스도를 자기 보증인으로 받아들일 때, 그리스도의 고난만 아니라 한없이 깨끗하고 사랑스러운 그리스도의 순종도 받아들이게 됩니다. 믿는 죄인은 이것을 다 입습니다. 이것은 금으로 수놓은 옷입니다(시 45:13-14). 하나님은 죄인의 영혼이 이 옷을 입은 것을 보실 때, 이 영혼을 한없이 존중하는 마음으로, 하나님으로서 흡족한 마음으로 사랑하실 수밖에 없습니다. "이는 내 사랑하는 아들이요 내 기뻐하는 자라"(마 3:17)고 말씀하십니다. 야곱이 에서의 향기로운 옷을 입었을 때, 이삭이 그 향취를 맡더니 마음속에서 깊은 애정이 우러나와 "내 아들의 향취는 여호와께서 복 주신 밭의 향취로다"(창 27:27)고 말한 것처럼, 죄인이 하나님의 사랑하시는 자 안에서 받아들여질 때도(엡 1:6, KJV), 그리스도의 향기로운 옷은 "몰약과 침향과 육계의 향기"(시 45:8)로 하나님 마음에서 이 죄인을 향한 한없는 애정을 끌어냅니다.

그때 이 말씀이 이루어집니다. "그가……너를 잠잠히 사랑하시며 너로 말미암아 즐거이 부르며 기뻐하시리라"(습 3:17). "아버지께서 친히 너희를 사랑하심이라"(요 16:27). 근심하는 죄인 여러분, 주 예수님을 받아들이십시오. 그러면 하나님의 사랑 안에 있게 될 것입니다. 영혼은 사랑을 받을 때 가장 행복합니다. 애정 많은 강아지에게 사랑받는 것조차 기분이 좋습니다. 어린아이에게 받는 사랑은 더 달콤합니다. 착하고 슬기로운 사람에게 받는 사랑은 훨씬 더 달콤합니다. 아, 그런데 하나님의 한없는 사랑을 받는다니요! 하나님이 사랑이심을 느낀다니요(요일 4:16)! 이보다 더 좋은 것은 없습니다. 죄인 여러분, 고요한 바다 한가운데 내리쬐는 한낮의 태양을 다 보셨을 것입니다. 바다가 살아 움직이는 금빛 비단 물결을 이루고, 그 가장 깜깜한 굴에도 빛이 들어가 보석마다 하늘의 빛으로 반짝거릴 때까지 쉴 새 없이 금빛 햇살을 쏟아붓지 않습니까? 그리스도 안에 있는 죄인의 영혼을 향한 하나님의 사랑이 이와 같습니다. 한도 끝도 없이 쏟아부으시는 사랑! 아, 주님의 인자하심을 맛보아 아십시오(시 34:8; 벧전 2:3). 그리스도를 받아들이기만 하십시오. 그러면 "하나님은 사랑이시라!"고 외치게 될 것입니다.

3. 하나님은 사랑이시니, 아무것도 그리스도 안에 있는 영혼을 하나님의 사랑에서 끊을 수 없습니다.

말하자면, '한번 그리스도인은 영원한 그리스도인'입니다. 그리스도께서는 그 사랑하시는 자를 끝까지 사랑하십니다(요 13:1). 한번 하나님의 사랑 안에 들어온 사람은 하나님의 사랑에서 끊어진 적이 없습니다. 영속성보다 더 귀한 것은 없습니다. 이 세상의 거의 모든 기쁨은 끝이 있습니다. 이른 여름에 만 가지 희망찬 약속과 함께 사과나무에 꽃이 필 때, 얼마나 예쁘고 좋습니까? 그러나 그 꽃은 이내 시들어 떨어지고 맙니다. 요나의 박넝쿨은 있을 때는 참 좋았지만, 금세 시들고 말았습니다. 하룻밤에 났다가 하룻밤에 말라 버렸습니다(욘 4:10).

가장 사이좋은 친구는 그저 헤어지려고 하나 됩니다. 어떤 사람은 혼인 예복 속에 수의가 아른거릴지도 모릅니다. 피조물의 사랑은 "영구한 소유"(히 10:34)가 아닙니다. 가끔가다 가장 상냥하던 사람도 달라져 우리를 그만 사랑하고, 그렇지 않더라도 죽어서 우리를 떠나는 것이 고작입니다. 아, 그런데 하나님의 사랑은 얼마나 다릅니까! 이것은 영구한 선입니다. 절대로 꺼지지 않는 불꽃이고, 빼앗길 수 없는 "좋은 편"(눅 10:42)입니다. "내가 확신하노니 사망이나 생명이나 천사들이나 권세자들이나 현재 일이나 장래 일이나 능력이나 높음이나 깊음이나 다른 어떤 피조물이라도 우리를 우리 주 그리스도 예수 안에 있는 하나님의 사랑에서 끊을 수 없으리라." 로마서 8장은 '그리스도 예수 (안에는) 결코 정죄함이 없다'는 강력한 선언으로 시작합니다. 그러니까 이 숭고한 장을 '그리스도 예수(에게서) 끊을 수 없다'는 똑같이 강력한 선언으로 마치는 것은 잘 어울리는 일입니다. 이것은 기쁨과 생기를 주는 주제이고, 이 장은 이것으로 마무리됩니다. 이 장에서 보여 주는 마지막 대상은 '예수님'입니다. 귓가에 울리는 마지막 소리는 '예수님'의 사랑입니다.

이 결론 구절에서 사도가 머릿속에 그리는 큰 그림을 뚜렷이 파악하는 것이 대단히 중요합니다. 사도는 끊을 수 없는 사랑을 말하는데, 누구의 사랑을 말하고 있습니까? 그리스도를 향한 믿는 사람의 사랑입니까? 아닙니다. 믿는 사람을 향한 그리스도의 사랑입니다.[15] 이 관점은 우리

---

15 본문에서 말하는 "하나님의 사랑"은 영어로 "the love of God"인데, 이것을 "하나님에 대한 사랑"이라고 해석할 수도 있다.

마음에 사뭇 다른 영향을 미칩니다. 믿는 사람이 그리스도를 향한 자신의 사랑을 묵상하는 데서 무슨 참된 만족과 위로를 누리겠습니까? 혹 누린다 한들 그 정도가 얼마나 되겠습니까? 믿는 사람이 누리는 위로의 원천은 믿는 사람을 향한 그리스도의 사랑입니다.

바울이 이 편지를 본래 누구한테 보냈지요? 기독교회 초기, 곧 고난의 때를 살던 성도들한테 보냈습니다. 바울은 다만 이들에게 위로와 힘과 용기를 주려고 당신의 백성을 향한 그리스도의 사랑이라는 이 진리를 꺼냈을 것입니다. 사도는 이들이 그리스도를 향한 자기네 사랑을 묵상하는 대신 자신들을 향한 그리스도의 사랑을 묵상하도록 이들의 마음을 꾀어내어, 가장 견고한 터 위에서 어떤 고난이 찾아오고 어떤 유혹이 닥치더라도 이들이 분깃으로 받은 이 참되고 자비롭고 한결같은 사랑을 아무것도 능히 빼앗지 못하리라는 확신을 주면서, 이들을 즉시 가장 온전한 안식 가운데로 데려갔습니다. 그러니까 사도가 말하는 사랑은 그리스도 예수 안에 있는 하나님의 사랑입니다.

그리스도의 사랑! 이것은 우리에게 소중한 주제입니다! 우리가 이 사랑을 지켜워할 수 있습니까? 우리가 그 크기를 알 수 있습니까? 우리가 그 넉넉함을 다 헤아릴 수 있습니까? 절대로 없습니다. 그 깊이는 가늠할 수 없고, 그 넓이는 측량할 수 없습니다. 이것은 지식을 뛰어넘는 사랑입니다. 예수님이 교회를 위해 하신 모든 일은 예수님의 사랑을 펼쳐 드러낸 것에 지나지 않았습니다. 베들레헴에 가면 육신을 입으신 사랑이 보입니다. 예수님이 선을 행하러 다니신 발자취를 따라가면 수고하시는 사랑이 보입니다. 베다니 집에 찾아가면 불쌍히 여기시는 사랑이 보입니다. 나사로의 무덤 옆에 서면 눈물 흘리시는 사랑이 보입니다. 어둠침침한 겟세마네 지역에 들어가면 괴로워하시는 사랑이 보입니다. 갈보리를 지나가면 고난받으시고 피 흘리시고 숨을 거두시는 사랑이 보입니다. 예수님 삶의 전 장면은 구속하시는 사랑의 깊고 놀랍고 보배로운 신비를 펼쳐 보인 것에 지나지 않습니다.

아버지의 사랑! 이것도 우리의 주제이고, 이 장을 마무리하기에 알맞은 진리입니다. "우리 주 그리스도 예수 안에 있는 하나님의 사랑." 아버지의 사랑은 우리에게 그리스도를 주시고, 그리스도 안에서 우리를 택하시고, 그리스도 안에서 우리에게 모든 신령한 복을 주시는 데서 드러납니다(엡 1:3). 이 사랑은 참으로 교회에 베푸시는 모든 언약과 구속의 은혜의 샘이고, 나뉘어 흘러 하나님의 성을 기쁘게 하는 시내입니다(시 46:4).

예수님은 온갖 의심과 두려움에 휩싸인 제자들에게 아버지의 사랑을 변호하려고 얼마나 애태우셨습니까? "내가 너희를 위하여 아버지께 구하겠다 하는 말이 아니니 이는……아버지께서 친히 너희를 사랑하심이라"(요 16:26-27). "하나님이 세상을 이처럼 사랑하사 독생자를 주셨으니"(요 3:16). 우리는 십자가를 통해 우리에게 흘러들어온 모든 복의 근원을 이 사랑에서 찾아야 합니다. 이것은 그리스도 예수 안에서 보이고 나타나고 드러난 하나님의 사랑입니다. 그리스도는 이 사랑의 근원이 아니라 선물이십니다. 원인이 아니라 상징이십니다. 아버지의 사랑과 아들의 사랑이 온전히 하나라는 것을 우리가 볼 수만 있다면 얼마나 좋을까요! 그렇다면 우리는 하나님이 베푸시는 모든 달콤한 긍휼만 아니라 우리를 다루시는 모든 섭리도 그것이 아무리 견디기 힘들고 고통스럽고 수수께끼 같더라도 그 근원을 하나님의 마음에서 찾아야 합니다. 이렇게 해서 모든 것이 한결같이 나오는 이 영원하고 변함없는 사랑에 모든 것이 돌아가게 해야 합니다.

자, 바로 이 사랑에서 끊을 수 없습니다. "누가 우리를 그리스도의 사랑에서 끊으리요?" 사도는 모든 원수에게 '한번 고발해 봐라', 온 사방에 '한번 정죄해 봐라' 하고 도전합니다. 그러나 고발하는 자도, 정죄하는 자도 없었습니다. 사도는 그리스도의 다 이루신 사역과 하나님의 온전한 의롭다 하심의 넓은 기초 위에 서서, 이제 둘러싼 모든 원수 위로 고개를 떳떳이 들었습니다. 그렇지만 믿는 사람의 마음속에 고발에 대한 두려움은 사라졌을지라도, 분리에 대한 두려움은 숨어 있을 수 있습니다. 하나님께서 그 섭리로 당신의 교회 전체를, 각각의 성도들을 다루시는 것이 때때로 너무 차갑고 매정해 보일 수 있습니다.

이 편지가 쓰인 때는 하나님의 교회에 고난이 한창 무르익은 때였습니다. 교회 역사에서 이때만큼 교회와 그리스도를 잇는 끈이 끊어질 위험이 있었던 때는 없었습니다. 그러나 바울은 이제껏 자신이 쭉 설명해 온 영광스러운 진리, 곧 그리스도 안에서 하나님의 교회는 안전하다는 진리를 바탕으로, 이제 곧 교회 눈앞에 펼쳐지리라는 사실에 힘입어 아주 담대하게 외칩니다. "내가 확신하노니 사망이나 생명이나 천사들이나 권세자들이나 현재 일이나 장래 일이나 능력이나 높음이나 깊음이나 다른 어떤 피조물이라도 우리를 우리 주 그리스도 예수 안에 있는 하나님의 사랑에서 끊을 수 없으리라"(롬 8:38-39). 위협은 할 수 있으나 하나님의 사랑에서, 그리스도와 우리의 연합에서 우리를 끊을 수 없는 이것들을 하나씩 훑어봅시다.

죽음도 끊을 수 없습니다. 죽음은 "친한 벗"(잠 17:9)을 갈라놓습니다. 남편과 아내를, 몸과 영혼을 갈라놓습니다. 한평생 서로 생각과 걱정을 나누던 사람들을 갈라놓습니다. 죽음은 이들의 사랑에서 우리를 떼어놓습니다. 우리는 죽은 사람이 우리를 사랑하는 것을 못 느끼고, 죽은 사람이 웃음 짓는 것을 못 봅니다. 그러나 죽음은 우리를 하나님의 사랑에서 갈라놓지 못합니다. 오히려 하나님의 사랑을 더없이 기뻐하는 곳으로 데려갈 뿐입니다. 여러분, 그리스도 안에 계십니까? 죽음을 두려워하지 마십시오. 죽음은 여러분을 여러분의 하나님 앞으로 데려갈 뿐입니다. 여러분은 여러분의 하나님 성전에 기둥이 될 것이고, 다시는 성전 밖으로 나가지 않을 것입니다(계 3:12). 죽음은 하나님의 사랑에서 우리를 끊을 수 없습니다!

삶[16]도 끊을 수 없습니다. 언젠가 브레이너드David Brainerd 의 설교로 회심하게 된 한 자매 이야기를 읽은 적이 있습니다. 이 자매는 하나님의 사랑을 온몸으로 느끼게 되었을 때 이렇게 외쳤습니다. "아, 복되신 주님, 저를 데려가 주세요. 제가 죽어서 예수 그리스도께 가게 해 주세요. 다시 또 죄를 짓고 살까 봐 두려워요." 이 자매는 삶이 자기를 하나님의 사랑에서 갈라놓을까 봐 두려웠습니다. 하지만 그렇지 않습니다. 삶도 끊을 수 없습니다. 이것은 삶의 소망을 말합니다. 앞에서 말했다시피 사도는 교회가 유달리 고난받던 시대, 복음 때문에 모진 박해를 받던 시기에 이 편지를 썼습니다. 이러한 때에는 복음을 버리고 구주를 부인하면 살려 주겠다는 제안이 드물지 않게 있었습니다. 이것은 배교에 대한 강력한 유혹이었습니다.

고난의 때에, 고문대나 십자가나 화형대가 눈앞에 고스란히 보일 때에, 삶, 소중한 삶이, 그 모든 달콤한 매력과 사랑하는 가족들과 함께 제안된다고 생각해 보십시오. 십자가를 부인하기만 하면, 십자고상[17]을 한번 끌어안기만

---

16 생명은 영어로 life인데, 이것은 '삶'이라는 뜻도 있다. 저자가 삶이란 뜻에 가깝게 쓰고 있기 때문에, 삶이라 옮겼다.

17 십자가에 못 박힌 예수의 수난을 그린 그림이나 새긴 형상(표준국어대사전).

하면 다시 살 수 있습니다. 이것은 믿음이 연약한 사람들에게 거부하기 힘든 유혹이었을 것입니다. 하지만 이것이 고난받는 그리스도인을 그리스도의 사랑에서 끊지 못할 것입니다.

시련이나 우여곡절이나 유혹이나 삶과 관련된 어떤 것도 우리를 하나님의 사랑에서 떼어 내지 못할 것입니다. 이처럼 삶도 죽음도 우리가 분깃으로 받은 하나님의 사랑을 아무것도 빼앗을 수 없다는 확신만 굳게 해 줄 뿐입니다. "우리가 살아도 주를 위하여 살고 죽어도 주를 위하여 죽나니 그러므로 사나 죽으나 우리가 주의 것이로다"(롬 14:8). 여러분, 그리스도 안에 계십니까? 삶을 두려워하지 마십시오. 하나님이 여러분 마음에 여전히 사랑을 부어 주실 것이고, 여러분에게 자신의 성령을 주실 것입니다. "내가 비옵는 것은 그들을 세상에서 데려가시기를 위함이 아니요 다만 악에 빠지지 않게 보전하시기를 위함이니이다"(요 17:15). 죽음도 삶도 우리를 하나님의 사랑에서 끊을 수 없습니다.

천사들도 끊을 수 없습니다. 선한 천사들도 끊을 수 없습니다. 혹 끊으려 한다 해도 못 끊습니다. 사실 이들은 다 우리를 위해 있습니다. 한 영혼이 그리스도와 하나 될 때, 하늘에서 하나님의 사자들이 기뻐합니다(눅 15:10). 이들은 불쌍한 죄인이 새로 또 하나님의 사랑 안으로 인도받을 것을 기뻐하고, 우리를 하나님의 사랑에서 끊으려 하지 않습니다. 하지만 이들이 우리를 반대할지라도, 우리 의는 이들의 권한 밖에 있습니다. 천사들의 주님이 "여호와 우리의 의"(렘 23:6, 개역한글)이시기 때문입니다. 악한 천사들도 끊을 수 없습니다. 마귀는 큰 능력이 있지만, 그리스도의 가지를 하나님의 사랑에서 끊지 못합니다. 마귀가 베드로와 욥을 떼어 내려고 얼마나 애썼습니까? 그러고도 실패하지 않았습니까? 그리스도께서 이기셨습니다. 마귀가 그리스도를 하나님 우편에서 끌어내릴 수 있다면, 우리를 하나님의 사랑에서 끊겠지만, 그리스도께서 하나님 우편에 앉아 계신 이상 우리는 안전합니다. 여러분, 그리스도 안에 계십니까? 마귀를 대적하십시오(약 4:7). 그러면 여러분을 피할 것입니다. 마귀와 그 모든 군대는 여러분을 "우리 주 그리스도 예수 안에 있는 하나님의 사랑"에서 끊을 수 없습니다.

권세자들과 능력도 끊을 수 없습니다. 이것은 악한 영들

을 말합니다. 그렇지만 여기에는 귀신들만 아니라, 온갖
악의 작용, 세상 사람이나 인간 정부나 시민 권력과 같이
그리스도의 진리와 나라의 신령한 유익에 맞서는 모든 것
이 다 들어갑니다. 이런 것들을 어디서 쉽게 볼 수 있습니
까? 영적 박해의 강력한 도구들 자체에서, 아니면 억압하
는 박해자를 무관심이나 묵인으로 동조하고 방조하는 데
서 볼 수 있습니다. 하지만 사람의 힘이나 사람을 뛰어넘
는 힘이라도 하나님의 사랑에 대한 성도들의 분깃을 능히
빼앗지 못할 것입니다. 그런 사례가 단 하나라도 있습니
까? 하나님이 당신의 백성을 버리신 적 있습니까? 악한 영
이 불경건한 사람들과 독재하는 정부를 부추겨 이들의 권
리를 빼앗고, 이들의 양심에 족쇄를 채우고, 이들의 몸을
옥에 가두거나 죽일 때도, 단 한 번도 이들을 버리지 않으
셨습니다!

　이러한 권세가 믿는 사람을 부모와 친족의 사랑에서 찢
어 놓은 적은 많습니다(마 10:21-22). 그러나 하나님에게서,
그리스도 예수 안에 있는 하나님의 사랑에서는 우리를 끊
을 수 없습니다. 사랑하는 친구 여러분, 그리스도 안에 계
십니까? 한번 확인해 보십시오. 여러분을 시험할 고난의

때가 아직 남아 있을지 모릅니다. 그리스도에게 뿌리내리고, 그리스도의 터 위에 서십시오. 그러면 핍박의 바람이 아무리 거세게 불어도 여러분 믿음의 뿌리만 더 단단해질 것입니다. 하나님은 우리가 불에 탈 때에도 우리를 사랑하실 것입니다. 저는 하나님의 사랑이 자주 순교의 고통을 없애 주었다고 믿습니다.

현재 일도 끊을 수 없습니다. 사도 시대 그리스도인들이 맞닥뜨린 현실 가운데는 좋은 일도 나쁜 일도 있었고, 기쁜 일도 슬픈 일도 있었습니다. 오늘 우리와 꼭 마찬가지입니다. 번영이나 역경이나 다 우리 영혼을 하나님에게서 떼어 내려고 찾아오지만, 절대로 그렇게 하지 못할 것입니다. 부도 걱정도 사업도 집도 땅도 우리를 그리스도의 사랑에서 끊을 수 없습니다. 아, 이런 것들은 핍박보다 더 위험합니다! 그렇지만 여러분, 그리스도와 하나 되셨습니까? 그러면 이것이 압도하지 못할 것이고, 여러분과 하나님 사이에 끼어들어 여러분을 하나님의 사랑에서 끊지 못할 것입니다. 그리스도 안에만 거하십시오. 그러면 하나님의 사랑이 여러분의 영혼에 거할 것입니다. 이러한 것들이 여러분을 끊을 수 없습니다. 우리 안에 있는 죄나 잠시 겪는 시런이나 이따금 찾아오는 유혹이나 하나님의 사랑이 잠깐 느껴지지 않는 것이나 현재의 다른 어떤 일이라도 우리를 그리스도에게서 끊지 못할 것입니다.

장래 일도 끊을 수 없습니다. 우리 앞에 무엇이 놓여 있습니까? 장래 일을 누가 압니까? 나라들 사이의 동요, 교회 안의 동요, 질병, 사별, 유혹, 사망의 음침한 골짜기, 이 모든 것이 다가올 일들입니다. 그러나 그리스도 안에서 우리는 영원히 안전합니다. 이 가운데 어떤 것도 그리스도 안에 있는 사람들을 하나님의 사랑에서 영원히 끊지 못할 것입니다.

네. 높음이나 깊음이나 다른 어떤 피조물이라도 우리를 우리 주 예수 그리스도 안에 있는 하나님의 사랑에서 끊을 수 없습니다. 아멘.

멸하기로 준비된 진노의 그릇

12. 멸하기로 준비된 진노의 그릇[18]

만일 하나님이 그의 진노를 보이시고 그의 능력을 알게 하
고자 하사 멸하기로 준비된 진노의 그릇을 오래 참으심으
로 관용하시고 또한 영광 받기로 예비하신바 긍휼의 그릇
에 대하여 그 영광의 풍성함을 알게 하고자 하셨을지라도
무슨 말을 하리요(롬 9:22-23).

형제 여러분, 지난번 강론 때 저는 '하나님이 왜 악인들을
영원히 벌하시는가? 그 까닭은 의로운 일을 좋아하시기 때
문이다' 하는 사실을 여러분에게 보여 드리려고 했습니다.

18　1843년 3월 12일 오후, 던디에 있는 성 베드로 교회에서 한 마지막 설교. 앤드루
　　보나르는 "그 무렵에 맥체인은 하나님의 주권을 유난히 힘차게 외쳤다"고 말한다.
　　맥체인은 다음날 저녁부터 아프기 시작했고, 3월 25일 토요일에 자신이 그 영광을
　　선포하며 산 구주 곁으로 갔다.

시편 11편 말씀입니다. "악인에게 그물을 던지시리니 불과 유황과 태우는 바람이 그들의 잔의 소득이 되리로다 여호와는 의로우사 의로운 일을 좋아하시나니"(6-7절). 그러고 나서 저는 하나님이 지옥을 만드셨고 영원토록 유지하실 터인데, 사람들이 고통받는 것을 좋아해서 그러시는 것이 아니라(저는 그렇지 않다고 믿습니다. 또 사람들이 흔히 말하는 욱하는 감정을 못 이겨서 그러시는 것도 아닙니다), 의로우신 주님이 의로운 일을 좋아해서 그러신다는 것을 보려 드리려고 했습니다. 그런 다음, 생각나시겠지만 악인들에게 지옥이 얼마나 확실한지 보여 드렸습니다. 사람의 고통을 좋아하는 데서 지옥이 나왔다면, 그 끝을 기대할 수 있었을 것입니다. 지옥이 욱하는 감정에서 나왔다면, 지옥은 식을 수 있었을 것입니다. 아, 형제 여러분, 그런데 여호와께서 의를 좋아하시는 데서 지옥이 나올 때, 저는 왜 "구더기도 죽지 않고 불도 꺼지지 아니하느니라"(막 9:48)고 했는지 알게 됩니다. 여러분은 두 번째로 이런 물음이 떠올랐을 것이 틀림없습니다. 왜 어떤 사람은 용서하지 않으시고 그냥 내버려 두시는가? 왜 아담이 타락하게 놔두셨는가? 아담이 넘어지지 않게 붙드실 수는 없었는가? 그리스도께서 죽으시기 위해 아담의 타락이 꼭 필요했다면, 왜 모든 사람을 구원하지 않으시는가? 물론 그리스도의 피는 모든 사람을 용서할 효력이 있습니다. 그렇다면 왜 모든 사람을 구원하지 않으십니까? 우리는 이 물음에 대한 많은 답을 더 높은 상태에 이르러서야 알게 될 것입니다. 그러나 여기에 답이 하나 있습니다. "만일 하나님이 그의 진노를 보이시고 그의 능력을 알게 하고자 하사 멸하기로 준비된 진노의 그릇을 오래 참으심으로 관용하시고 또한 영광 받기로 예비하신바 긍휼의 그릇에 대하여 그 영광의 풍성함을 알게 하고자 하셨을지라도 무슨 말을 하리요?" 형제 여러분, 사도 바울이 이 말씀으로 이 두 번째 물음에 답하려고 한다는 것을 여러분은 눈치채실 것입니다. 바로 대답하는 것은 아니고, "만일"이라는 말을 쓰고 있습니다.

이 주제에 조금 더 깊이 들어가 봅시다. 하나님께서 사람들에게 왜 멸망을 허락하시는지 그 까닭을 여기에 세 가지로 적고 있습니다.

1. 첫째, 당신의 진노를 보이시려고 그러신다는 것입니다.

이것은 무시무시한 말씀입니다. 우리는 성경에서 하나님

의 진노에 대해 자주 듣습니다. 이것은 사람의 진노와 다릅니다. 하나님의 진노는 차분하고 평온하며, 주로 옳은 것을 존중하시는 데서 나타납니다. 이것이 하나님의 진노입니다. 우리는 성경에서 하나님의 진노에 대해 상당히 자주 듣습니다. 하나님의 진노는 모든 죄에 대해 나타납니다. "하나님의 진노가 불의로 진리를 막는 사람들의 모든 경건하지 않음과 불의에 대하여 하늘로부터 나타나나니" (롬 1:18). "모든"이란 말을 잘 보십시오. 하나님의 진노는 모든 죄에 대해 나타납니다. "이것들로 말미암아 하나님의 진노가 임하느니라"(골 3:6). 형제 여러분, 또 이 분노는 한결같이 이어진다고 말합니다. "매일 분노하시는 하나님이시로다"(시 7:11). 말하자면, 하나님이 악인들에게 그 공의의 활을 벌써 당기셨고, 그 공의의 화살을 벌써 시위에 먹이셨다는 것입니다(시 11:2). 그리고 하나님의 진노는 견디기 힘든 진노라고도 말합니다. 우리가 요새 부르는 시편 찬송에 보면, "누가 주의 노여움의 능력을 알…리이까"(시 90:11) 하는 구절이 있습니다. 또 요한계시록에서는 "그분의 진노의 큰 날이 이르렀으니 누가 능히 서리요"(계 6:17, 킹제임스 흠정역) 하고 말합니다.

그렇지만 우리는 이런 선언들보다 여러 사례에서 더 많이 배웁니다. 하나님의 진노와 그 결과를 보여 주는 많은 사례가 있습니다. 우리가 가진 첫 번째 사례는 하나님이 천사들을 하늘에서 내쫓으신 것입니다. 유다는 이렇게 말합니다. "또 자기 지위를 지키지 아니하고 자기 처소를 떠난 천사들을 큰 날의 심판까지 영원한 결박으로 흑암에 가두셨으며"(유 1:6). 또 베드로는 "하나님이 범죄한 천사들을 용서하지 아니하시고 지옥에 던져 어두운 구덩이에 두어 심판 때까지 지키게 하셨으며"(벧후 2:4) 하고 말합니다. 자, 형제 여러분, 여러모로 보아 이것은 하나님이 진노하신 가장 무시무시한 사례 가운데 하나입니다. 이것이 하루아침에 일어난 일로 보이기 때문입니다. 이 천사들은 천국에 있다가 하루아침에 지옥으로 떨어졌습니다. 빛의 천사였다가 하루아침에 어둠의 악령이 되었습니다. 이것이 무서운 까닭은 주께서 이들에게 회개할 기회를 주지 않으셨기 때문입니다. 여기서 온 우주는 이 한 가지 사실, 곧 하나님이 죄를 반드시 벌하시리라는 사실을 배울 수 있었을 것입니다.

하나님이 죄를 벌하신 또 다른 사례는 하늘이 아니라 땅에 있었습니다. 곧, 땅에 대홍수를 보내셨을 때입니다. "여호와께서 사람의 죄악이 세상에 가득함과 그의 마음으로 생각하는 모든 계획이 항상 악할 뿐임을 보시고 땅 위에 사람 지으셨음을 한탄하사 마음에 근심하시고 이르시되 내가 창조한 사람을 내가 지면에서 쓸어버리되 사람으로부터 가축과 기는 것과 공중의 새까지 그리하리니"(창 6:5-7). 그래서 홍수가 났고 이들을 다 쓸어버렸습니다(마 24:39). 그 흔적이 아직도 이 세상에 남아서, 하나님이 끝내 죄를 벌하시리라는 것을 보여 주고 있습니다.

하나님이 보복하신 또 다른 사례는 소돔을 멸하신 것입니다. "소돔 사람은 여호와 앞에 악하며 큰 죄인이었더라"(창 13:13). 그 악에 대한 소문이 하늘에까지 들렸습니다. 하나님은 소돔의 악이 들려온 소문과 같은지 알아보시려고 천사 둘을 내려보내셨고, 천사들은 꼭 그렇다는 것을 알게 되었습니다(창 18:20-21). 그리고 천사들이 의로운 롯을 데리고 나오자, 하나님은 제물로 바쳐진 성에 불과 유황을 비같이 내리셨고, 그 흔적을 지금까지 거기에 남겨두셨습니다.

하나님의 진노가 땅에 나타난 적이 또 한 번 있었습니

다. 하나님의 귀하신 아드님이 죽으신 일입니다. 하나님이 그 진노를 거두시겠다고 하실 만한 때가 있었다면, 틀림없이 이때였을 것입니다. 그 까닭은 두 가지입니다. 먼저, 그 진노의 대상이 하나님께 귀했기 때문입니다. 하나님께 당신의 아들보다 귀한 존재는 온 우주 어디에도 없었습니다. 두 번째 까닭은, 그리스도 자신은 죄가 없었기 때문입니다. 그 옷에 솔기가 없었듯이, 그 영혼에 죄가 없었습니다. 아니, 형제 여러분, 그리스도께서 자기 목숨을 내놓으신 이 한 가지 행동은, 우주가 그 '정수'를 본 적 없을 만큼 하나님의 공의가 아주 영광스럽게 나타난 것이었습니다. "여호와께서 그를 상하게 하시기를 기뻐하셨노라"(사 53:10, KJV 직역). 이 말씀은 그리스도께서 바로 우리 죄 때문에 하나님께 고난받으셨다는 것을 아주 뚜렷하게 보여 줍니다. 형제 여러분, 하나님이 죄를 벌하시리라는 것을 보여 줄 만한 것이 이 세상에 있다면, 바로 죄 없으신 하나님의 귀하신 아드님이 죽으신 일일 것입니다.

아직 나타나지 않은 하나님의 진노가 하나 또 있습니다. 장차 올 진노입니다. "만일 하나님이 그의 진노를 보이시고 그의 능력을 알게 하고자 하사 멸하기로 준비된 진노의 그릇을 오래 참으심으로 관용하시고." 하나님은 당신이 만드신 영혼들을 아직 멸하지 않으셨습니다. 타락한 천사들은 벌써 지옥에 던져 멸하셨지만, 당신이 참고 기다리신 영혼들은 아직 멸하지 않으셨습니다. 세상이 이전에 본 적 없는 진노가 새롭게 나타날 것입니다. 하나님은 당신의 아들을 업신여기고 당신의 복음을 업신여기는 사람들을 어떻게 다루실지 보여 주실 것입니다. "하늘로부터 불꽃 가운데에 나타나실 때에 하나님을 모르는 자들과 우리 주 예수의 복음에 복종하지 않는 자들에게 형벌을 내리시리니" (살후 1:7-8) 할 때, 이것은 새로운 일일 것입니다. 하나님은 당신의 진노를 보이시려고 기다리십니다. 아, 형제 여러분, 하나님의 진노를 실제로 느끼면 얼마나 두려울까요! 지금 생각만 해도 두려운데 말입니다. 여러분, 배가 암초에 부딪쳐 물속에 가라앉을 때, 봉화를 올려서 다른 배들에게 위험을 알리는 것이 관례 아닙니까? 마찬가지로 저는 악인들이 그렇게 되리라고 믿습니다. 이들은 하나님이 죄를 어떻게 벌하실지 보여 주는 봉화가 될 것입니다.

2. 이제 왜 어떤 이들은 멸망하게 놔두시는지 그 두 번째 까닭을 살펴보겠습니다. 곧, 당신의 능력을 보여 주려고 그러신다는 것입니다.

"만일 하나님이……그의 능력을 알게 하고자 하사." 우리는 성경에서 하나님의 능력에 대해 자주 듣습니다. 하나님은 아브라함에게 "나는 전능한 하나님이라"(창 17:1)고 말씀하셨습니다. 시편 93편에 보면, "높이 계신 여호와의 능력은 많은 물소리와 바다의 큰 파도보다 크니이다"(시 93:4)하고 말합니다. 우리는 하나님의 전능하신 능력에 대해 자주 듣지만, 또 하나님의 능력을 보여 주는 눈부신 사례도 있습니다.

그 첫 번째 기록은 창조입니다. "하나님이 이르시되 빛이 있으라 하시니 빛이 있었고"(창 1:3). "그가 말씀하시매 이루어졌으며 명령하시매 견고히 섰도다"(시 33:9).

하나님의 능력을 보여 주는 또 다른 사례는 하나님의 한결같은 섭리입니다. "우리가 그를 힘입어 살며 기동하며 존재하느니라"(행 17:28). 하나님은 날쌘 바람 날개를 타고 다니십니다(시 18:10).

하나님의 능력을 보여 주는 또 다른 사례는 하나님께서 악인들을 억누르시고 굴레 씌우시는 것입니다. "너희는 무지한 말이나 노새같이 되지 말지어다 그것들은 재갈과 굴레로 단속하지 아니하면 너희에게 가까이 가지 아니하리로다"(시 32:9). 하나님은 악인들을 이렇게 통제하십니다.

하나님은 또 영혼을 회심하게 하시는 데서 당신의 능력을 나타내십니다. "여호와께서 말씀하시되 이는 힘으로 되지 아니하며 능력으로 되지 아니하고 오직 나의 영으로 되느니라"(슥 4:6). 바울은 이것을 "하나님의 지혜와 하나님의 능력"이라고 말합니다. 저는 세상을 창조하신 것보다 영혼을 회심하게 하시는 것이 더 큰 능력이라고 믿습니다.

형제 여러분, 하나님의 능력을 보여 주는 사례가 하나 더 있습니다. 곧, 악인들을 멸하시는 것입니다. "만일 하나님이 그의 진노를 보이시고 그의 능력을 알게 하고자 하사 멸하기로 준비된 진노의 그릇을 오래 참으심으로 관용하시고." 사랑하는 친구 여러분, 저는 하나님이 바로 같은 사람들을 세우신 까닭이 여기에 있다고 믿습니다. 하나님은 바로에게 말씀하셨습니다. "내가 이 일을 위하여 너를 세웠으니 곧 너로 말미암아 내 능력을 보이……려 함이라" (롬 9:17). 자, 여러분 중에 구원받지 못한 채로 세상을 떠날 분들을 두고 말씀드리겠습니다. 하나님은 여러분으로 말미암아 당신의 능력을 보이시려고 여러분을 세우셨습니다. 마찬가지로 이사야 63장에서는 "내가 노함으로 말미암아 무리를 밟았고 분함으로 말미암아 짓밟았으므로 그들의 선혈이 내 옷에 튀어 내 의복을 다 더럽혔음이니"(사 63:3) 했습니다. 또 요한계시록 18장에서는 "그가 또한 불에 살라지리니 그를 심판하시는 주 하나님은 강하신 자이심이라"(계 18:8) 했고, 우리 주님은 "오직 몸과 영혼을 능히 지옥에 멸하실 수 있는"(마 10:28) 하나님을 두려워하라고 말씀하셨습니다. 여기서 주님은 '하나님이 능히 멸하실 수 있다'고 말씀하고 계시지 않습니까? 형제 여러분, 그러니까 악인을 멸하시는 데서 하나님이 어떤 큰 능력을 행사하시는 것이 틀림없습니다. 그리고 저는 하나님이 이들의 존재가 아니라, 이들의 행복을 멸하시는 데서 당신의 능력을 나타내시리라고 생각합니다. 그렇다면 이것은 하나님의 능력이 새로이 나타나는 것입니다.

얼마 전에 저는 스코틀랜드 북쪽 바닷가에 서서 바다 위로 우뚝 솟은 바위를 보았습니다. 거센 물결이 바위에 부딪치는 모습을 보니 참 놀라웠습니다. 두 가지가 놀라웠는데, 물결이 때리는 바위의 크기가 놀라웠고, 그래도 꿈쩍 않는 바위가 놀라웠습니다. 물결이 아무리 거세게 몰아쳐도 바위는 꿈쩍도 하지 않았습니다. 형제 여러분, 이 광경은 하나님이 악인들에게 당신의 진노를 쏟아부으실 그날, 우리가 목격할 일을 상징하는 것입니다. 하나님은 한 손으로 이들을 받치시고 다른 한 손으로 진노를 마구 쏟아부으시며 이들에게 당신의 능력을 나타내실 것입니다. 아, 형제 여러분, 이것을 보기만 해도 벌벌 떨리지 않겠습니까? 형제 여러분, 하나님의 진노는 그 힘이 어마어마할 것이 틀림없습니다. 여러분 중에 커다란 용광로를 본 사람은 그 불이 가진 힘을 봤을 것입니다. 하지만 불은 하나님의 피조물입니다. 창조주이신 하나님의 힘은 어떻겠습니까?

3. 진노의 그릇이 있는 세 번째 까닭은, 믿는 사람들을 구원하셔서 당신의 영광이 풍성함을 보여 주시기 위해서입니다.

"또한 영광 받기로 예비하신바 긍휼의 그릇에 대하여 그 영광의 풍성함을 알게 하고자 하셨을지라도 무슨 말을 하리요?" 멸하기로 준비된 진노의 그릇이 왜 있습니까? 또 다른 까닭은, 긍휼의 그릇에게 베푸시는 그 은혜의 풍성함을 대조해서 보여 주시려고 있다는 것입니다. 형제 여러분,

우리가 무엇을 배우기에 가장 좋은 방법은 대조해서 배우는 것 아닙니까? 이를테면 무지개는 먹구름 한가운데 뜰 때만큼 뚜렷하게 보일 때가 없습니다. 형제 여러분, 마찬가지로 우리는 진노의 그릇에게 부으시는 하나님의 진노를 볼 때만큼, 구원받은 자들에게 베푸신 하나님의 사랑과 긍휼이 더 영광스럽게 나타나는 것을 보지 못할 것입니다. 이런 까닭에 진노의 그릇이 있는 것입니다.

저는 여기서 말하는 "영광의 풍성함"이 영혼을 구원하시는 데 나타나는 일곱 빛깔 무지개와 같은 하나님의 속성이라고 믿습니다. 멸하기로 준비된 진노의 그릇이 있어야 하는 것은 하나님이 마련하신 이런 까닭 때문입니다. 이것이 여러분에게 정말 무시무시해 보일지 모릅니다. 제가 보기에도 그렇습니다. 하나님이 여기서 친히 말씀해 주지 않으셨다면, 저는 이것을 말할 수도 없었거니와 말할 엄두도 내지 못했을 것입니다.

영혼을 구원하시는 데서 눈부시게 빛날 하나님의 속성 가운데 한두 가지만 보여 드리겠습니다.

먼저는 하나님의 주권입니다. 저는 여러분에게 이것을 여러 번 말씀드렸습니다. 여러분 중에 하나님의 주권을 안 믿는 사람이 많지만, 하나님이 그 의심을 거두실 날이 다가오고 있습니다. 지금은 교회 전체가, 고백하는 그리스도인의 몸 전체가 하나님의 주권을 부인하지만, 이것을 부인할 사람이 하늘에도, 땅에도, 지옥에도 없을 날이 다가옵니다. 그날이 와서 이 회중이 좌우로 나뉘었다고 생각해 보십시오. 그날 하나님의 주권이 대비되어 보이지 않겠습니까? 여러분은 한때 다 같은 처지에, 다 같이 정죄 받는 처지에 있었습니다. 여러분 중에는 한 뱃속에서 나서 한 어머니 품에서 젖을 먹은 사람도 있습니다. 그런데 한 사람은 데려가시고 한 사람은 남겨 두시는 것을 볼 것입니다. 무엇이 차이를 만들었습니까? 하나님이 차이를 만드셔서 하고자 하시는 자를 긍휼히 여기신 것을 모든 피조물이 볼 것입니다(롬 9:18).

또 다른 속성은 하나님의 용서입니다. 형제 여러분, 지금은 이것을 부인하지만, 그날은 이것을 인정하게 될 것입니다. 하나님은 긍휼의 그릇에 대하여 그 영광스러운 긍휼의 풍성함을 알리실 것입니다. 아, 형제 여러분, 한 그릇은 깨끗이 씻어 영광으로 데려가시고 다른 그릇은 멸망하도록 내버려 두시는데, 둘 다 똑같이 죄악 된 것을 볼 때, 여러분은 차이를 만든 것이 피라는 사실을 알게 될 것입니다. 하나님은 멸하기로 준비된 진노의 그릇에게서 그 진노를 알리실 뿐 아니라, 긍휼의 그릇에게서 그 긍휼의 풍성함을 알리실 것입니다.

이 주제에서 몇 가지 교훈을 배웁시다.

1) 모든 사람이 구원받지는 못할 것입니다. 이것은 여러분 가운데 있는 무서운 망상입니다. 여러분은 지옥이 없을 것이라고 대놓고 주장하지는 않지만, 실제로는 그렇게 말하고 믿습니다. 여러분 중에 많은 사람이 하데스 이야기를 듣기 좋아하면서도, 이것이 그림자일 뿐이라고 밝혀지기를 바랍니다. 형제 여러분, 지옥은 있습니다. 하나님의 계획은 긍휼의 그릇만 아니라 진노의 그릇도 있어야 한다는 것이었습니다. 형제 여러분, 그러는 것이 낫습니다. 아, 꿈 깨십시오! 모든 사람이 구원받지는 못할 것입니다. 긍휼의 그릇만 아니라 진노의 그릇도 있습니다. 저는 여러분 중에 지옥으로 갈 사람도 있고, 천국으로 갈 사람도 있다고 생각합니다. 그 까닭을 제가 설명 못할지라도 그것이 최선인 것이 틀림없습니다. 그물에 좋은 물고기도 있고 나쁜 물고

기도 있습니다. 어떤 물고기는 배에 오를 것이고 어떤 물고기는 버려질 것입니다.

2) 여러분 한 사람 한 사람이 다 하나님의 영광을 드러낼 것입니다. 여러분은 어떤 식으로든 하나님을 영화롭게 할 것입니다. 기꺼이 그러든 마지못해 그러든 그럴 것입니다. 여러분, 하나님의 보좌로 나아가야 합니다. 아, 형제 여러분, 저는 여러분 각 사람이 마침내 진노의 봉화나 긍휼의 기념비가 되리라고 믿습니다. "주께서는 자신을 위하여 모든 것을 만드셨나니 참으로 사악한 자도 악한 날을 위하여 만드셨느니라"(잠 16:4, 킹제임스 흠정역). 네, 악인 여러분, 여러분은 할 수만 있으면 하나님의 영광을 빼앗으려고 하지만, 그럴 수 없습니다. 여러분이 그리스도께 온다면 여러분을 구원하시는 데서 하나님의 영광이 나타나겠지만, 그리스도께 오지 않는다면 그 진노의 그릇을 멸하시는 데서 하나님의 능력이 나타날 것입니다.

3) 우리가 배울 만한 세 번째 교훈은 당신의 영광을 드러내시는 것이 이 세상에서 하나님의 첫째가는 목적이라는 것입니다. 많은 사람, 더구나 믿지 않는 사람은 하나님의 첫째가는 목적이 피조물의 행복이라고 생각합니다. 하지

만 여러 해 동안 하나님 말씀을 깊이 연구한 결과, 저는 그렇지 않다는 것을 알았습니다. 피조물의 행복이 하나님의 첫째가는 목적이었다면, 모두 행복했을 것입니다. 하나님의 첫째가는 목적은 그것이 아니라 당신을 드러내시는 것입니다. 그러지 않으셨으면 하나님은 지독한 고독 가운데 홀로 남으셨을 것입니다. 저는 이러한 주제를 깊은 경외심을 가지고 말씀드리고 싶습니다. 이것이 긍휼의 그릇만 아니라 진노의 그릇도 있는 까닭으로 보입니다. 곧, 당신의 속성을 비추는 거울로 삼으시기 위함입니다. 형제 여러분, 그리고 저는, 창조와 구속이 이루어질 때, 하나님의 영광이 온전히 드러나리라고 믿습니다.

4) 우리가 배울 만한 또 다른 교훈은 하나님이 진노의 그릇을 오래 참으신다는 것입니다. 언젠가 한 자매와 논쟁한 일이 생각납니다. 이 자매는 하나님이 자기에게 베푸신 선하심을 생각할 때 자기가 하나님의 자녀일 수밖에 없다고 주장했습니다. 그러면서 자신이 받은 수많은 복을 죽 늘어놓았는데, 다른 나라에 갔을 때 하나님이 자기를 어떻게 보호하셨고, 자기가 수많은 시련에서 어떻게 벗어났고, 또 가정에서 얼마나 큰 위로를 누렸는가 하는 얘기였습니다.

저는 그냥 이렇게 답했습니다. '하나님의 인자하심이 자매를 회개로 이끕니다'(롬 2:4). 하나님이 여러분에게 오래 참으셨다는 것이 여러분이 하나님의 자녀라는 증거는 아닙니다. 만일 그랬으면, 이곳에 하나님 자녀가 많이 있었을 것입니다. 아, 형제 여러분, 이것이 이상해 보일지라도, 하나님은 아무도 멸망하지 않기를 바라시고, 여러분에게 오래 참으십니다.

5) 끝으로, 진노의 그릇이 멸망해도 긍휼의 그릇은 슬퍼하지 않으리라는 것입니다. 먼젓번에 한번 말씀 드린 적이 있는데, 한 번 더 떠올려 드리겠습니다. 구속받은 사람들은 눈물 흘리지 않을 것입니다. 그 까닭은 이렇습니다. 악인들의 멸망은 그 자체로 하나님의 은혜가 풍성함을 드러내기 때문입니다. 아, 믿는 형제 여러분, 그날은 우리가 악인들이 멸망하는 것을 보고도 울지 않을 끔찍한 날일 것입니다. 이들이 하나님의 법을 지키지 않아도 더는 우리 눈물이 시냇물 같이 흐르지 않을 날이 곧 다가올 것입니다 (시 119:136). 아, 형제 여러분, 그렇지만 그날이 오기까지는 눈물을 그치지 맙시다. 비록 하나님이 그 진노의 그릇을 멸하시는 데서 영광을 받으실지라도, 이들을 긍휼의 그릇

으로 만드시는 데서는 더 큰 영광을 받으실 것이기 때문입니다. 주께서 당신의 말씀에 복 주시기를 빕니다. 아멘.

—

13

자다가 깰 때가 벌써 되었으니

—

13. 자다가 깰 때가 벌써 되었으니[19]

> 또한 너희가 이 시기를 알거니와 자다가 깰 때가 벌써 되었
> 으니 이는 이제 우리의 구원이 처음 믿을 때보다 가까웠음
> 이라(롬 13:11).

바울은 여기서 믿는 사람들에게 자다가 깰 때가 되었다고 말합니다. 사랑하는 친구 여러분, 저도 여러분에게 그저 같은 말씀을 드리려고 합니다. 여러분, 자다가 깰 때가 벌써 되었습니다. 그리스도인이 잔다고 할 만한 상태가 있습니다. 열 처녀처럼 졸다가 자는 상태가 있습니다. 아, 여러분 중에 잠든 그리스도인이 많을까 봐 두렵습니다. 성도 여러분, 깰 때가 되었습니다. 지금 몇 시인 줄 아십니까?

---

19 1840년 4월 2일 목요일, 던디에서 한 설교.

여러분은 해 뜰 때가 된 줄도 모르는 모양입니다.

이제 그리스도인이 잔다는 것이 무엇인지 보여 드리겠습니다. 그리스도께 왔지만, 죄 가운데 잠든 것을 말합니다. 에베소 교회같이 처음 사랑을 버린 것입니다. 이들은 그리스도의 보배로움을 깨닫고도, 그것을 간직하지 못했습니다. 믿음의 생생함을 잃어버렸습니다. 구주를 생생하게 붙드는 법을 잊었습니다. 여러분 중에 몇몇 사람도 마찬가지입니다. 여러분은 여러분의 죄를 봤을지 모르지만, 여러분이 한때 아주 깊이 느꼈던 죄에 대한 생생한 깨달음은 잃어버렸습니다. 여러분은 예수님에게서 이러한 아름다움을 못 봅니다. 예수님은 보면 볼수록, 더 보고 싶을 뿐입니다. 땅엣 것은 금방 질리지만, 하나님의 것은 그렇지 않습니다. 하나님의 것은 자주 쓰면 쓸수록 더 좋아집니다. 그래서 예수님은 볼 때마다 더 귀해집니다. 수선화는 향기롭지만, 그 향기를 잃습니다. 하지만 아름다운 "사론의 수선화"(아 2:1)는 점점 더 향기로워집니다. 땅의 사과는 맛이 없어지지만, "사과나무"(아 2:3)[20]는 그렇지 않습니다. "너희는 건포도로 내 힘을 돕고 사과로 나를 시원하게 하

---

20 예수님을 가리킨다.

라 내가 사랑하므로 병이 생겼음이라"(아 2:5). 잠자는 그리스도인 여러분, 여러분은 사과 맛을 까먹었습니다. 아, 이제는 자다가 깰 때 아닙니까? 성도 여러분, 여러분이 계속 잔다면, 여러분이 정말 그리스도께 온 적이 있는지 곧 의심하게 될 것입니다.

그렇다면 잠에서 깨는 것은, 하나님의 일이 현실임을 보는 것입니다. 여러분, 잠이 들락 말락 하면, 사물을 제대로 못 봅니다. 아, 여러분은 신령한 현실에 영향을 받지 않습니다. 자, 잠에서 깨는 것이 무엇입니까? 잠에서 깨는 것은 죄를 있는 그대로 보는 것입니다. 자기 마음을 있는 그대로 보고, 그리스도를 있는 그대로 보고, 그리스도 예수 안에 있는 하나님의 사랑을 보는 것입니다. 여러분은 이 모든 것을 갈보리 십자가에서 볼 수 있습니다. 아, 십자가를 보고도 아무 느낌이 없고, 죄를 깨닫지 못하고, 그리스도께 끌리지 않는 것은 끔찍한 일입니다! 아, 이보다 더 안타까운 상태가 있는지 모르겠습니다. 아, 잠이 번쩍 깨게 해 달라고 기도하십시오. 사랑하는 친구 여러분, 우리 삶은 강과 같고, 우리는 이 강을 타고 흘러 내려가는 배와 같습니다. 우리는 영원한 나라에 점점 더 가까이 가고 있습니다. 여러분 중에는 믿은 지 40년이 된 분들도 계십니다. 아, 여러분의 구원이 처음 믿을 때보다 가까워졌습니다. 여러분의 구속, 여러분의 온 영혼의 구속, 여러분의 온전한 구속이 가까이 왔습니다. 우리가 구속을 얻을 날, 여러분이 구원을 받고 "은총, 은총이 그에게 있을지어다"(슥 4:7) 하는 외침과 함께 마지막 돌이 놓일 날이 다가옵니다. 그때 여러분은 넉넉히 이겨서 머리에 면류관을 쓰게 될 것입니다.

사랑하는 친구 여러분, 저는 밤이 얼마나 깊었는지 모릅니다. 아직은 어둡고 깜깜합니다. 그러나 날이 밝아오고 있습니다. 그림자가 걷혀갑니다. 유브라데 강물이 말라갑니다(계 16:12). 이것은 날이 밝아오고 있다는 증거입니다. 하나님의 옛 백성인 유대인들이 들어오고 있습니다. 이것은 밤이 깊었다는 증거입니다.

회심하지 않은 사람들도 자다가 깰 때가 벌써 되었습니다. 아, 죄인 여러분, 여러분은 잠이 아주 깊이 들었습니다. 움직이지 않습니다. 죽었습니다. 아, 잠자는 영혼들이여, 벌써 깰 때가 되었습니다. 천사들이 땅에 두루 다녀 보더니 여호와께 뭐라고 말씀드린 줄 아십니까? "온 땅이 평안하고 조용하더이다"(슥 1:11)고 했습니다. 아, 여러분은 잠이 깊이 들었습니다. 하나님께서 여러분에게 "혼미한 심령"(롬 11:8)을 주셨습니다. 여러분, 아모스에게 주신 말씀이 생각나지 않으십니까? "화 있을진저 시온에서 안일한 자……여"(암 6:1, 개역한글). 여러분 중에 많은 사람이 이런 상태에 있습니다. 여러분, 이 집은 예수님이 잠자는 영혼을 부르신 곳, 수많은 사람이 예수님을 발견한 곳입니다. 아, 잠자는 영혼들이여, 벌써 깰 때가 되었습니다. 여러분은 꿈속에서 삽니다. 그리스도 밖에 있는 사람마다 자기가 꿈을 꾸고 있었다는 것을 마침내 깨닫게 될 것입니다. 아, 여러분이 금을 쫓아간 것이 금빛 꿈에 지나지 않았다는 것을 알게 될 날이 다가오고 있습니다. 꿈속에서는 안 기쁩니까? 꿈속에도 기쁨이 있는 것을 못 느껴본 사람이 어디 있습니까? 아, 그런데 여러분, 사형 선고를 받은 사람(여러분 중에 많은 사람이 벌써 심판을 받았습니다)처럼 잠에서 깨야 합니다. 이 사람은 집과 아내와 아이들과 자유와 기쁨을 꿈꾸지만, 죽음을 알리는 종소리를 듣고 잠에서 깨어 그냥 꿈이었다는 것을 알게 됩니다. 자, 회심하지 않은 여러분, 여러분은 자고 있습니다. 그렇지만 이 사형수처럼 단꿈에서 쓰라린 현실로 깰 것입니다.

사랑하는 친구 여러분, 저는 지나가면서 여러분의 집을 보고, 여러분의 얼굴을 들여다볼 때, 목사가 불난 것을 보고 경종을 울리는 감시원 같다는 생각을 자주 했습니다. 여러분 중에 많은 사람이 불난 집에 있는 사람처럼 위태로운 처지에 있습니다. 때때로 여러분은 우리가 여러분 때문에 걱정하는 것을 보고 놀랍니다. 가끔은 '좀 지나친 것 아니냐?'고 따지기도 합니다. 불쌍한 영혼이여, 집에 불이 났기 때문입니다! 아, 그러면 우리가 하는 말이 지나치다고 할 수 있습니까? 우리가 여러분 양심의 문을 너무 세게 두드린다고 할 수 있습니까? 어느 날 한 여인이 죽음을 앞두고 침상에 누워서 뉴턴John Newton에게 이렇게 말했다고 합니다. "목사님은 제게 그리스도 이야기는 자주 해 주셨어요. 아, 그런데 제 처지가 위험하다는 이야기는 충분히 안 해 주셨어요." 아, 여러분 중에 많은 사람이 제게 같은 말을 할까 두렵습니다. 아, 많은 사람이 죽음을 앞두고서나 지옥에서 '지옥이 있다는 것을 왜 더 자주 말해 주지 않았느냐?'고 저를 나무랄까 봐 무섭습니다. 하나님께서 결국에는 저를 나무라는 사람이 없게 해 주시길 빕니다. 제가 여러분에게 사실 그대로 다 이야기하게 해 주시기를 빕니다! 죄인 여러분, 자다가 깰 때가 벌써 되었습니다. 이제 여러분의 멸망은 잠자지 않기 때문입니다(벧후 2:3, 개역한글). 사랑하는 친구 여러분, 제가 처음 여러분에게 와서 하나님과 화목하라고, 예수님께 나오라고 권고한 것이 엊그제 같은데 어느덧 삼 년도 더 지났습니다. 하루하루 지날 때마다 여러분은 심판대 앞으로 더 가까이 가고 있습니다. 여러분 중에 제자리에 서 있는 사람은 아무도 없습니다. 여러분이 잘지라도, 밀물은 자꾸 밀려들어 여러분을 죽음과 심판과 영원으로 더 가까이 데려갑니다.

사랑하는 친구 여러분, 깨야 할 또 다른 까닭은, 여러분이 받을 정죄가 갈수록 커지기 때문입니다. 제가 처음 여러분한테 왔을 때, 여러분의 죄책은 지금처럼 그렇게 크지 않았습니다. "혹 네가 하나님의 인자하심이 너를 인도하여 회개하게 하심을 알지 못하여 그의 인자하심과 용납하심과 길이 참으심이 풍성함을 멸시하느냐 다만 네 고집과 회개하지 아니한 마음을 따라 진노의 날 곧 하나님의 의로우신 심판이 나타나는 그날에 임할 진노를 네게 쌓는도다" (롬 2:4-5). 여러분 중에 진노의 날에 임할 진노를 스스로 쌓고 있다는 것을 아는 사람 없습니까? 여러분은 마치 은행에 저축하듯이 다가올 영원을 위해 진노를 쌓고 있습니다. 이 사실을 듣고도 자다가 깰 때가 되었다는 것을 못 깨달으시겠습니까? 오늘 밤 주 예수님을 입어야 합니다. 잠자는 여러분, 깰 때가 되었습니다. 바로 지금입니다. 안 일어나시겠습니까? 아, 제가 말씀드릴 수 있는 한 가지는, '네가 진노의 날에 임할 진노를 네게 쌓는도다' 하는 이 말씀이 다 사실이라는 것을 결국은 깨닫게 된다는 것입니다. 죄 하나는 진노 한 방울과 같습니다. 이것은 둑으로 막아놓은 강물처럼, 마침내 둑이 무너질 때까지 점점 차올라 넘실거립니다. 아, 여러분 중에 많은 사람이 진노의 구두쇠 아닙니까? 여러분, 지금 잠에서 깨지 않으면 진노를 한없이 쌓게 된다는 것을 모르십니까? 지금 일어나십시오. 그러면 진노는 다 사라질 것입니다. 와서 간청만 하면 다 가져갈 준비가 되신 분이 계십니다. 죄인 여러분, 그렇다면 일어나십시오.

또 다른 까닭은 깰 기회가 사라지고 있기 때문입니다. 자, 제 말은 깰 때가 있다는 것입니다. 방주가 여러분 집 앞을 지나가는 때가 있습니다. 방주가 그냥 지나가게 놔둔다면, 방주에 들어가려고 하는 어느 날, 성난 물살에 휩싸이고 말 것입니다. 여러분은 키가 작은 여리고 사람 삭개오를 기억하실 것입니다. 예수님은 십자가에 못 박히시려고 예루살렘으로 가시는 길에 여리고에 들르셨습니다. 그 길을 마지막으로 지나가시는 중이었습니다. 삭개오가 구주를 뵐 수 있는 마지막 기회였습니다. 예수님이 지나가려고 하실 때, 삭개오는 군중들 틈에 파묻히지 않으려고 뽕나무 위로 올라갔습니다. 예수님이 지나가다가 쳐다보시고는 "삭개오야, 어서 내려오너라. 오늘 내가 네 집에 머물러야겠다"(눅 19:5, 현대인의 성경)고 하셨습니다. 아, 삭개오가 그때 바로 뽕나무에서 내려오지 않았다면, 서둘러 내려오지 않았다면, 내려와서 영원한 멸망으로 갔을 것입니다. 그때 예수님을 영접하지 않았다면, 다시는 긍휼의 목소리를 듣지 못할 곳으로 갔을 것입니다. 예수님이 마지막으로 지나가셨기 때문입니다.

죄인 여러분, 제가 말하려는 것은, 오늘 밤 여러분이 여러분의 뽕나무에서 내려와 그리스도를 영접하지 않는다면, 내일은 기회가 없을지도 모른다는 것입니다. 지금이 은혜 받을 만한 때입니다(고후 6:2). 아, 지금 그리스도께 오십시오! 아, 오늘 밤 주님을 즐거이 맞이한다면, 영원토록 기쁨을 누릴 것입니다. 잠자는 죄인 여러분, 지금 일어나십시오! 깰 때가 벌써 되었습니다. 성경이 없을 날, 더는 긍휼의 제안이 없을 날이 가까이 왔습니다. 지금은 귀한 은혜의 방편이 많습니다. 그러나 이것은 다 사라질 것입니다. 목요일 저녁 모임[21]도 곧 사라질 것입니다. 아, 그렇다면 어서 내려오십시오. 그러면 오늘 밤 예수님이 여러분 집에 머무실 것입니다. 예수님은 말씀하고 계십니다. "볼지어다 내가 문 밖에 서서 두드리노니 누구든지 내 음성을 듣고 문을 열면 내가 그에게로 들어가 그와 더불어 먹고 그는 나와 더불어 먹으리라"(계 3:20). 삭개오가 잠을 잤다면, 예수님을 아예 못 뵈었을 것입니다. 여러분이 일어나지 않는다면, 아, 너무 슬픕니다! 예수님 때문에 여러분이 통곡할 날이 다가오기 때문입니다(계 1:7).

---

21 목요일 저녁마다 기도와 성경 강해 모임이 열렸다.

로버트 맥체인 설교 시리즈 3

로버트 맥체인 설교집
로마서

펴 낸 날 2017년 7월 20일 초판 1쇄

지 은 이 로버트 맥체인
옮 긴 이 임정민

펴 낸 이 한재술
펴 낸 곳 그 책의 사람들

마 케 팅 이재웅
디 자 인 참디자인

판   권 ⓒ 그책의 사람들 2017, *Printed in Korea.*
저작권법에 의하여 한국 내에서 보호를 받는 저작물이므로 무단 전재와 복제를 금합니다.

주   소 경기도 수원시 권선구 여기산로 42, 101동 313호
전   화 0505-273-1710   **팩   스** 0505-299-1710
카   페 cafe.naver.com/thepeopleofthebook
메   일 tpotbook@naver.com   **페이스북** www.facebook.com/tpotbook
등   록 2011년 7월 18일 (제251-2011-44호)
인   쇄 불꽃피앤피

책   값 12,000원
I S B N 979-11-85248-21-9   04230
          979-11-85248-16-5   04230(세트)

이 도서의 국립중앙도서관 출판시도서목록(CIP)은
서지정보유통지원시스템 홈페이지(http://seoji.nl.go.kr)와
국가자료공동목록시스템(http://www.nl.go.kr/kolisnet)에서 이용하실 수 있습니다.
(CIP제어번호: CIP2017016731)

· 이 책은 출판 회원분들의 섬김으로 만들어졌습니다.